»Garnele röstete
in Cognac loderte«

Aus einer »deutschen« Speisekarte auf Korsika

Horst Schwartz

„...nur schade, dass sie hinkt!"

Kurze Geschichten aus einem
langen Reiseleben

www.tredition.de

© 2021 Horst Schwartz

Verlag und Druck:
tredition GmbH, Halenreie 40-44, 22359 Hamburg

ISBN
Paperback: 978-3-347-20255-9
Hardcover: 978-3-347-20256-6
e-Book: 978-3-347-20257-3

Inhaltsverzeichnis

Meiner kleinen Freundin Akeyo (»Pepi«) gewidmet

Dank an Michael Manfred Köpp für seine Korrekturen. Mein besonderer Dank gilt Esther H. Norman für ihr professionelles Korrektorat (www.esther-norman.de).

Meiner Tochter Kirstin und Doris Schwartz danke ich für ihre Unterstützung bei der Herausgabe des Buches.

Alle Fotos in diesem Band – auch das Foto auf dem Cover – stammen vom Autor, bis auf die Fotos auf S. 139 und 198.

Gebrauchsanweisung...

...für dieses Buch: lauter Momentaufnahmen
und kein Reiseführer

Eines kann und will dieses Buch nicht sein: ein Ersatz für Reiseführer. Wie sollte das auch gehen bei drei Dutzend Destinationen, in denen die hier geschilderten Ereignisse spielen. Es sind mal kürzere mal längere Geschichten aus einem langen Reiseleben.

Seit fast fünf Jahrzehnten bin ich als Reisejournalist unterwegs, dies übrigens mehr in Europa als auf Fernreisen. Das spiegelt sich in den Kapiteln entsprechend wider.

Die ersten neun Jahre war ich für die Stiftung Warentest als Leiter der Reiseredaktion der Zeitschrift „test" unterwegs, später machte ich mich selbständig. Mein Redaktionsbüro besteht jetzt genau 40 Jahre.

Es wird Lesern sofort auffallen, dass besonders viele Geschichten auf der kleinen dänischen Insel Bornholm spielen und in Griechenland, dort vor allem auf der Insel Kreta. Über beide Destinationen habe ich mehrere Reiseführer geschrieben und musste deshalb entsprechend oft hinreisen. Bornholm bezeichne ich zudem privat als meine Schicksalsinsel, aber das ist hier nicht das Thema. Bornholm habe ich schon besucht, als ich noch Redakteur bei einer Tageszeitung war. Die Reisen nach Griechenland habe ich nicht gezählt, allein auf Kreta war ich bestimmt 40mal oder mehr, dies fast ausnahmslos dienstlich. Nur einmal habe ich dort Ferien mit meinen Söhnen verbracht.

Um die Neugierde beim Lesen zu erhöhen, habe ich mich bewusst dagegen entschieden, Geschichten, die in ein und derselben Destination spielen, auch hintereinander zu bringen. Auch habe ich der Suche nach einem „roten Faden" ebenso bewusst eine Absage erteilt wie einer chronologischen Ordnung.

Eine einzelne Geschichte in dieser Sammlung hängt nicht direkt mit einer Reise zusammen: das Kapitel über die Karlspreisverleihung 1969. Aber sie hatte großen Einfluss auf meine Reisen nach Griechenland, wie sich später herausstellte. Ich musste damit rechnen, dort in der Juntazeit als unerwünschte Person zu gelten.

Wer mich besser kennt, vermisst in diesem Buch ein paar Geschichten, die ich vielleicht auf Partys erzähle oder im privaten Gespräch bei einem Glas Wein. Nämlich die Geschichten, in denen mir oder Mitmenschen Missgeschicke widerfahren, über die man sich köstlich amüsieren könnte. Könnte! Aber ich möchte hier niemanden zum Gespött machen, auch nicht mich selbst...

Sollte sich doch einer der Akteure bei einer Geschichte heftig auf den Fuß getreten fühlen, soll er mir schreiben (HorstSchwartz@outlook.de). Das Prinzip Print-on-Demand (es werden nur so viele Bücher gedruckt, wie bestellt oder verkauft sind), ermöglicht es, solche Passagen relativ schnell zu korrigieren.

Die Kapitel sind eine bunte Mischung, für den einen oder anderen mal interessanter, mal vielleicht weniger interessant. Wichtig ist: Ich habe auch bewusst darauf verzichtet, die Destinationen genau oder gar ausführlich zu beschreiben (dies zum Stichwort: kein Reiseführer). Nur ganz selten gerate ich etwas ausführlicher ins Erzählen über das gerade Erlebte hinaus (zum Beispiel in der Geschichte über Werner Levano, der mich mit dem Bornholm-Virus angesteckt hat…)

Bewusst und konsequent habe ich darauf verzichtet, Aufgaben und Umfeld geschilderter Personen oder Gegebenheiten zu aktualisieren. Das wäre ein uferloses Unterfangen gewesen. Alles, was in diesem Buch steht, sind Momentaufnahmen. Jahreszahlen am Ende der Geschichten weisen darauf hin, in welche Zeit diese Momente einzuordnen sind.

So kann eine kleine Geschichte im Jahr 1982 spielen, eine andere im Vorjahr. Eine der handelnden Personen könnte also schon längst ihren Job gewechselt haben, eine andere gestorben sein. Sie alle leben in meiner Erinnerung weiter – und jetzt auch in diesem Buch.

Berlin, im Juli 2021

Als »Schlangenbeschwörer« in Marokko

Schneewittchens harter Kern

Hinter den sieben Zwergen versteckt sich
elende Kinderarbeit

Kinderarbeit ist das Thema, das den pensionierten Berufsschullehrer Eckhard Sander aus Borken in Nordhessen seit vielen Jahren umtreibt. Das hängt mit dem Schrecken zusammen, den er vor Jahren bei einem harmlosen Ausflug bekam. Da erfuhr er, dass früher auch Kinder im Kupferbergwerk im Bad Wildunger Ortsteil Bergfreiheit geschuftet haben.

Das Bergwerk war 1561 gegründet und wohl schon Ende des 16. Jahrhunderts aufgegebenen worden. 1974 wurde es nach zehnjähriger Planungs- und Sicherungsarbeit für Besichtigungen freigegeben. Auch Eckhard Sander war mit seinen Kindern unter den Besuchern, als der Bergwerksführer dem staunenden Publikum die Sache mit der Kinderarbeit erzählte. »Das hat mich erschüttert«, sagt Eckhard Sander heute. Aber das sei doch nur Spaß gewesen, um den Besuch interessanter zu machen, versicherte ihm der Bergwerksführer.

Doch da hatte sich die Vorstellung schon in Eckhard Sanders Kopf eingebrannt und seitdem nicht mehr losgelassen. Bei einer Führung durch das Besucherbergwerk erscheint logisch, dass auch Kinder in dem Bergwerk arbeiten mussten, um das Erz aus den teilweise nur 30 Zentimeter hohen Schürfgängen herauszuholen. Im Laufe der Jahre hat der Amateurhistoriker viele Belege für Kinderarbeit gefunden, das Besucherbergwerk in Bergfreiheit war kein Einzelfall: »Die Kinder sahen in den Bergwerken 14 Stunden lang kein Sonnenlicht, arbeiteten liegend im Feuchten und waren schlecht ernährt.« Sie blieben im Wachstum zurück, wissenschaftliche Untersuchungen haben ergeben, »dass sie im Berg zum Greis wurden« (Sander).

Zum Schutz gegen Steinschlag trugen sie eine Art Zipfelmütze. Wem fielen da nicht die sieben Zwerge aus dem Märchen Schneewittchen ein. Im Märchen – das die Brüder Grimm ja nicht erfunden haben, sondern von dem ihnen verschiedene Fassungen zum Sammeln zugetragen wurden

– leben sie in einem »Zwergenhaus«: »Da stand ein weißgedeckter Tisch, …und ferner waren an der Wand sieben Bettchen«, heißt es da. Genauer hingeschaut: An der Wand im Wohn- und Esszimmer und nicht in einem eigenen Schlafzimmer standen die Bettchen. Das ist genau der Grundriss der Bergmannshäuser, die es in Bergfreiheit gab – und des historischen »Schneewittchenhauses« im Ort, in dem für die Touristen eine hübsche Schneewittchen-Darstellerin mit sieben Zwergen, goldigen Kindern mit angeklebtem Bart und roter Zipfelmütze, an einem weißgedeckten Tisch sitzt.

Schneewittchen mit Arsen vergiftet?

Apropos: Schneewittchen als Person fehlt noch auf der Suche nach historischen Quellen zum Märchen. Auch die hat Eckhard Sander gefunden. Der Gründer des Bergwerks in Bergfreiheit war Graf Samuel von Waldeck, der auf Schloss Friedrichsstein in Bad Wildungen residierte. Der hatte eine schon in zeitgenössischen Dokumenten als wunderschön beschriebene Schwester, Margarethe von Waldeck. Mit 16 wurde sie zur standesgemäßen Erziehung nach Brüssel an den Hof der Königin Maria von Ungarn und Böhmen geschickt, Schwester Kaiser Karls V. und dessen Statthalterin in den Spanischen Niederlanden. Eckhard Sander: »Zieht man von Wildungen nach Brüssel eine Linie, führt diese durch das Siebengebirge« – Schneewittchens sieben Berge.

Eckhard Sanders hat in den Archiven »in Brüssel, Wien und Spanien viele Belege gefunden«, die vermuten lassen, dass sich zwischen der schönen, blutjungen Margarethe und dem Infanten Philipp von Spanien eine romantische, aber schließlich unglückliche Liebesgeschichte entwickelte.

Doch diese konnte am Hof keinen Gefallen finden: Philipp war katholisch, Margarethe protestantisch, er der Sohn des Kaisers, sie eine unbedeutende Gräfin. Zudem hatte der Kaiser seinen Sohn der Maria Tudor versprochen, der Tochter Heinrich VIII. Margarethe starb mit 21 Jahren und wurde wahrscheinlich vergiftet, wie nicht nur die zittrige Unterschrift unter ihrem Testament zu belegen scheint. Margarethe schrieb: »Mein Gemüt und mein Kopf sind gesund, mein Körper ist blöd…« Die Vermutung der Nachwelt: Arsen!

Nordhessen, die Heimat der Brüder Grimm, ist reich an märchenhaften Orten. Aber nur selten lässt sich der harte Kern eines Märchens so präzise herausschälen wie bei Schneewittchen. [2017]

»Schneewitt-chenhaus«

Die Tränen der Diva

Wie mich Melina Mercouri nach Athen lockt

D ie Entscheidung ist gefallen. Dies dank Melina Mercouri, der großen griechischen Diva (»Sonntags...nie!«). Der tränenreiche Auftritt der exzellenten Schauspielerin vor einer deutschen Kamera hat bei der Stiftung Warentest zu einer folgenreichen Entscheidung geführt: nämlich das Reiseziel Athen zu testen, obwohl dort die Junta herrscht.

Darf man das? Dürfen wir von der Stiftung Warentest das, die komplett vom Bund finanziert wird? Nämlich in dem aufstrebenden Reiseziel eine Untersuchung durchführen, das gerade unter der Knute einer Militärdiktatur leidet? Kann das nicht zu Fehlschlüssen führen – deutsche Regierung unterstützt griechisches Regime, oder so ähnlich? In der Redaktion der Zeitschrift »test", deren Reiseredakteur ich bin, folgt eine Konferenz der anderen, Besprechung auf Besprechung. Wir kommen zu keinem Entschluss.

Bis Melina Mercouri, die in Frankreich im Exil lebt, im deutschen Fernsehen zum Urlaub in Griechenland aufruft. Nur wenn weiter Deutsche in Scharen nach Griechenland strömten, werde dort die Flamme der Demokratie nicht gelöscht. So lautet ihr eindringlicher Appell, bei dem ihr die Tränen kommen.

Die Entscheidung ist also gefallen. Auch meine ganz persönliche Entscheidung. Denn vor der Reise hatte ich einen großen Bammel. Würden die Grenzer mich überhaupt ins

Land lassen? Oder, noch schlimmer, mich verhaften und wegen Verunglimpfung der Junta vor Gericht stellen? Vor ein paar Jahren, als ich noch bei der Tageszeitung »Aachener Nachrichten« arbeitete, war von mir ein Artikel erschienen, der nicht gerade von Sympathie für die griechische Militärregierung zeugte (s. »Jean Rey und die Griechen«, Seite 33).

Ein unverzeihlicher Fehler

Mit zwei Hotelinspektoren fliege ich klopfenden Herzens nach Athen, um dort und in Attika zu recherchieren, wie sehr Katalogbeschreibungen und Urlaubswirklichkeit auseinanderdriften. Die Einreise geht glatt. In den ersten Tagen legen wir bei Recherchen in den Hotels immer ein Beglaubigungsschreiben des Griechischen Fremdenverkehrsamtes vor, um Zweck und Ziel der Recherchen zu erklären.

Mein – eigentlich unverzeihlicher – Fehler ist, dass ich mir das Schreiben vor Reiseantritt nicht übersetzen ließ. Als wir immer wieder merken, dass Hotelmitarbeiter oder Tourismusmanager beim Lesen des Beglaubigungsschreibens blass werden, hole ich das Versäumte nach und lasse mir das Schreiben von einem Athener Freund übersetzen. Fazit: Wir werden es nicht mehr einsetzen, denn in dem Schreiben werden den Betreffenden vom Militär (!) und nicht vom Tourismusministerium harte Strafen angedroht für den Fall, dass sie nicht alle Wünsche des Inspektionsteams erfüllen.

Ich schäme mich! Die Testreise geht also ohne dieses Schreiben weiter. Einen Tag widmen wir der Hotelsituation im Städtchen Marathon, das – wie jeder weiß – 40 Kilometer von Athen entfernt liegt. Nur ein Luxushotel steht nach der

Tagesarbeit noch auf dem Plan. Ich fahre hin, finde aber weit und breit keine Parkmöglichkeit: Der Bürgersteig ist aufgerissen, die Straße auch. Ein Passieren ist unmöglich. Solch ein Zustand gehört nicht zu einem Fünf-Sterne-Hotel, ist mein Gedanke.

»Was ist denn hier los?« frage ich den Hoteldirektor.

»Das verdanken wir einem griechischen Soldaten«, antwortet der Hotelchef betreten.

»Wie bitte?«

»Ja, der Soldat hat sich in eine Urlauberin, die bei uns wohnte, verliebt und sie zum Rendezvous abgeholt.«

»Ja – und?«

»Er fuhr mit dem Panzer vor…«

[1973]

Der Autor in den 1970-er Jahren

Der One-Dollar-Man

Interims-Tourismusminister arbeitet 18 Stunden

Seinen Managerjob in Frankreich hat Mehdi Houas aufgegeben, um als Interims-Tourismusminister nach der Jasmin-Revolution seinem »Land zu dienen«. Das klingt ziemlich pathetisch. Aber der Tunesier ist ein bescheidener Mann. Ein typischer One-Dollar-Man. Für seinen 18-Stunden-Arbeitstag bezieht er kein Gehalt.

Sein Mittagessen beschränkt er auf einen Apfel und ein kleines Stück Gebäck, um Zeit zu sparen. Obwohl er sichtbar unter Stress steht, lacht der Minister gerne – es ist ein freies, herzliches Lachen, das ansteckt. Angesteckt hat er mit seinem Elan schon viele deutsche Gesprächspartner. Gerade war Außenminister Westerwelle zu Besuch. Mehdi Houas: »Die deutsche Regierung ist beeindruckt von der Revolution.«

»Herzlich willkommen im freien Tunesien!« klingt es nach der Landung aus den Lautsprechern des Flugzeugs. Nach gründlichen Kontrollen verlassen wir den Airport. Ein mitreisendes Kamerateam darf ohne jede Drehgenehmigung Aufnahmen machen. Der erste Panzer steht an der Einfallstraße, die vom Flughafen in die Stadt führt. Dann sehe ich immer mehr Panzer, Stacheldraht. Das Innenministerium an Anfang der Avenue Bourguiba ist komplett abgesperrt und wird streng bewacht, hier war eine der Folterzentralen des Terrorregimes untergebracht.

Vor dem Theater der Stadt hat sich eine Art Hyde Park

Corner gebildet. Jeder darf hier sagen, was er will. Das war vor ein paar Wochen noch nicht möglich, sondern hätte Folter und gar Tod bedeutet. Überall stehen kleinere und größere Gruppen, die heftig diskutieren. Als ein Mann meine Kamera entdeckt, entblößt er seinen Bauch und zeigt seine Foltermale. Ein zweiter präsentiert sein von Narben übersätes Bein, ein dritter seinen malträtierten Arm. Im Nu bin ich von einer Gruppe schreiender Männer umringt. Ich habe keine Angst. Denn die Männer sind freundlich. Sie scheinen über die neue Freiheit glücklich zu sein.

Drei schreckliche Tage

»Tunesien ist stolz, sich in die Reihe der freien Länder einzureihen!« sagt der Interimsminister in seinem durchaus bescheidenen Chefbüro. Das früher obligatorische Foto des nun abgesetzten Präsidenten Ben Ali hängt nicht mehr an der Wand hinter seinem Schreibtisch, nur der Nagel ist noch zu sehen. »Ich liebe mein Volk, das mit Würde und Mut die Freiheit erkämpft hat,« sagt der Minister, bevor er von seinen Plänen berichtet. Was den Tourismus betrifft, hat er nicht nur Normalisierungspläne. Er will das Ruder komplett herumreißen. »Die alte Regierung hat nur den Strandtourismus gefördert«, klagt er. Auf lange Sicht soll Tunesien dem Kulturtourismus einen wesentlich höheren Stellenwert geben.

Unvermittelt erzählt Mehdi Houas von den drei »schrecklichen Tagen, an denen die Miliz um sich geschossen hat.« Wer zu den Schützen gehört hat, sei mittlerweile verhaftet. Die Miliz habe Gefangene aus drei Gefängnissen freigelassen, daraufhin hätten die Bewohner der Stadt mit Stöcken ihre Wohnviertel verteidigt. »Das ist vorbei, jetzt gibt es keine kriminellen Überfälle mehr.« Die Ausgangssperre in der Hauptstadt Tunis ist aufgehoben.

Minister Mehdi Houas

Den Minister quälen viele Zahlen. Eine Million Jobs hängen vom Tourismus ab, und »jeden touristischen Arbeitsplatz muss man mal vier nehmen." Also sind fast 40 Prozent der Bevölkerung von diesem Geschäft abhängig. Die Partei des Terrorstaates war überall vertreten, »aber nicht so sehr in Hotels". Von den 542 Hotels Tunesiens waren nur 25 mit der Partei verbandelt beziehungsweise staatlich. Jetzt sucht eine Kommission danach, ob vielleicht unter einem anderen Namen nicht doch Hotels zum Ben Ali Clan gehören – ein Problem von vielen.

Das Gespräch ist zu Ende. Denn vor dem Ministerium hat sich eine Demonstranten-Gruppe gebildet, die lautstark ihre Parolen hinausschreit. Die Männer – es sind wirklich nur Männer – verlangen Arbeitsplatz-Garantien. Den Minister hält es nicht mehr in seinem Bürosessel. Wie selbstverständlich geht er hinaus zu der Gruppe. Er ist ein kleiner Mann, fast jeder der Demonstranten überragt ihn um Kopfesgröße. Der Minister beginnt, mit den Demonstranten zu diskutieren. Er bleibt freundlich, die Meute bleibt friedlich…

[2011]

Was wird aus Hitchcock?

Adriana pflegt in ihrem Atelier eine verletzte Möwe

Sogar einen Namen hat Adriana der Möwe gegeben: »Hitchcock«. Der Karton, in dem der große Vogel jetzt zu Hause ist, nimmt in dem kleinen Atelier für Textildesign und Textilkunst noch Platz weg. Auf die Frage, wie es mit Hitchcock weitergehen soll, hat die junge Künstlerin keine Antwort.

Aber Adriana lässt keinen Zweifel daran, dass sie den Vogel retten will und retten wird. Doch so vieles spricht dagegen. Gut, Möwen sind Allesfresser. Aber in dem Karton kann Hitchcock noch nicht mal die Flügel ausbreiten. Einer davon ist gebrochen. So erscheint es uns unwahrscheinlich, dass die Möwe je wieder fliegen kann. Wer soll ihr den Flügel richten? Möwen sind für Küstenbewohner unnütze Tiere, schädlich und wertlos. Ich glaube, kein Tierarzt auf Mallorca hätte dafür Verständnis, dass jemand solch ein Tier retten will.

Das alles wollen wir, eine kleine Journalistengruppe, bei unserem Atelierbesuch in Palma de Mallorca mit Adriana besprechen. Aber sie ist keinem der Argumente zugänglich. Wie ein kleines trotziges Mädchen steht sie da, schaut uns mit großen Augen durchaus freundlich an und zieht sich dennoch immer mehr in sich zurück.

Adriana, Jahrgang 1985, ist kein kleines Mädchen. Sondern eine Künstlerin, die sich mit ihren überzeugenden Textilarbeiten schon einen Namen gemacht hat. Sie ist in

Barcelona zur Welt gekommen, ihr Vater ist Franzose, ihre Mutter US-Amerikanerin. Ihr Freund ist ebenfalls Künstler und hat sein Atelier in der Nähe.

Adriana rührt mich. Ihr hingebungsvoller Einsatz für die Möwe, die sie verletzt am Strand gefunden hat, ist bewundernswert. Dabei kommt sie mir wie ein kleines Kind vor, das seinen Verstand aus- und das Herz eingeschaltet hat, um etwas zu tun, was es für gut und richtig hält.

Ich merke, dass unsere – sehr sanft und schonend vorgetragenen – Fragen ihr wehtun. Ich stelle mir vor, wie traurig sie erst sein wird, wenn das Experiment schief geht. Unter diesen Bedingungen wird Hitchcock nicht lange überleben können. Betroffen verlassen wir das Atelier. In der Tür steht Adriana und schaut uns traurig nach.

[2018]

Dionysos und der Wein

Das Kloster Chrysorrogiatissa leidet unter der EU

Wenn ein Pater, dessen Lebensaufgabe es ist, die Menschheit mit gutem Wein zu beglücken, ausgerechnet Dionysos heißt, ist das mehr als ein Zufall. Dionysos ist der Gott des Weines, unser Dionysos Abt des Klosters Chrysorrogiatissa auf Zypern, des Klosters der »Heiligen Jungfrau des Goldenen Granatapfels«.

Das Kloster liegt 40 Kilometer von Paphos entfernt an einem Berghang. Ein Mönch namens Ignatius hat es 1152 gegründet, das heutige Gebäudeensemble stammt aus der zweiten Hälfte des 18. Jahrhunderts. Ignatius, so erzählt man sich heute auf der Insel, habe damals eine Wunder vollbringende Ikone der Jungfrau Maria gefunden, die er in die Berge trug und um die herum er das Kloster baute. Kein Geringerer als der Evangelist Lukas soll die Ikone gemalt haben. Ihm wird auch die Christus-Ikone zugeschrieben, die ebenfalls im Kloster zu sehen ist. Das Kloster ist berühmt für seine Ikonensammlung und seine Restaurationswerkstatt sowie für die Fresken in der Klosterkirche.

Abt Dionysos ist ein stattlicher Mann mit einem Rauschebart und schönen, klugen Augen. Er hat seine normale Stimme verloren und spricht mit hoher Ersatzstimme. Er spricht schnell und viel, zeigt mir viele Artikel, die über ihn und das Kloster geschrieben worden sind, und führt mich dann in sein Allerheiligstes (also gut: in sein Zweitallerheiligstes nach der Ikonensammlung): den Weinkeller. Aber dort wird längst kein Wein mehr gekeltert, das hat die EU dem Kloster untersagt.

Dionysos hatte den traditionellen Weinbau des Klosters erst 1984 wiederbelebt, wie überhaupt der Weinbau im griechischen Teil der Insel erst in den letzten Jahrzehnten eine Renaissance erfuhr. 6000 Jahre ist der Weinanbau auf Zypern alt. Einst hatte der englische König Richard III. Zypern besetzen lassen, um an deren hervorragende Weine zu gelangen. Im vergangenen Jahrhundert verkam die Weinproduktion zu einer Quelle von Billigexporten verschnittenen Weins in Ostblockländer.

Weinstöcke ohne Reblaus

Erst in den 1990-er Jahren blühte sie wieder auf. Heute sind es junge Winzer und kleine Betriebe, die den Ton angeben. Aber der Ton ist nicht mehr zu überhören. Die Weinstöcke auf Zypern sind übrigens die einzigen in Europa, an denen nicht die Reblaus knabbert!

Auf die EU ist Dionysos nicht gut zu sprechen, weil sie seine Weinproduktion unterbunden hat. Warum? Das habe ich nicht verstanden. Aber wahrscheinlich hat Abt Dionysos das selbst nicht verstanden. Das Kloster lässt jetzt die Trauben seiner durchaus inselberühmten Weinberge außerhalb keltern. Aber die alten Geräte sind noch da. Ich habe Dionysos geraten, die Räume in ein Museum umzuwandeln.

[2016]

Abt Dionysos

Die Signatur Karls des Großen

Jean Rey und die Griechen

Protest bei Karlspreisverleihung – ein Politikum

Ich glaube, mich trifft der Schlag. Was hatte ich mich auf die heutige Ausgabe der »Aachener Nachrichten« gefreut. Eine ganze Seite hatte ich darin zur gestrigen Karlspreisverleihung geschrieben. Aber ich kam gar nicht dazu, die Seite zu suchen. Auf der Titelseite stand in großen Lettern: »Jean Rey kritisiert das Athener Regime«. Eine hochpolitische Nachricht, die so nicht stimmt.

Ich muss es wissen, denn ich war dabei. In Aachen aufgewachsen, war ich von Kind auf ein Bewunderer des Karlspreises. Er wird alljährlich an Personen verliehen, die sich um die europäische Einigung verdient gemacht haben. Wen hatte ich da nicht schon alles reden hören: Alcide de Gasperi, Konrad Adenauer, Winston Churchill, Robert Schumann und Edward Heath...

Seitdem ich bei den »Aachener Nachrichten« mein Volontariat absolviert habe und zum Redakteur avanciert bin, habe ich immer die Redaktionskollegen beneidet, die auserkoren waren, die Karlspreis-Berichterstattung zu übernehmen. In diesem Jahr bin ich an der Reihe, und ich empfinde das wie einen Ritterschlag. Empfänger des Karlspreises ist die Kommission der Europäischen Gemeinschaften. Deren Präsident, der Belgier Jean Ray, nahm ihn gestern entgegen.

Da ich offiziell als Berichterstatter akkreditiert war, durfte ich mich unter den Festgästen frei bewegen. So konnte ich die eine oder andere Bemerkung für meinen Bericht aufschnappen und hörte mit Andacht der Rede zu, die Willy Brandt als Bundesaußenminister und Vizekanzler hielt.

Als ich davon überzeugt war, genug Stoff für einen ganzseitigen Bericht zu haben, kehrte ich in die Redaktion zurück. Viel Zeit zum Schreiben blieb nicht. So störte es mich, dass mich auf dem Gang ein »Vorgesetzter« aufhielt und fragte, wie die Verleihung gelaufen sei. Die genaue Funktion dieses »Vorgesetzten« kannte eigentlich keiner im Haus. Er war so eine Art Chef vom Dienst, aber nicht der offizielle Chef vom Dienst. Dafür aber der Sohn vom Verlagschef mit viel Entscheidungskompetenz.

Fünf Mark für jeden Studenten

Mein Bericht sei ja für eine innere Seite der Zeitung vorgesehen, aber er suche dringend ein Thema für den Hauptaufmacher auf der Titelseite. Etwas Ungewöhnliches oder gar Dramatisches. Ob ich nicht irgendetwas in dieser Art erlebt habe?

Mir fiel eine Begebenheit am Rande ein, die aber höchstens zu einer Meldung taugte, nicht zu einem Aufmacher. Vor dem Nobelhotel »Quellenhof«, in dem das Karlspreis-Komitee mit alten Preisträgern und dem neuen Karlspreis-Empfänger beim Mittagessen saß, stand eine Gruppe junger Griechen, die an der Aachener RWTH studierten. Sie wollten mit dem Kommissionspräsidenten über die Situation inihrer Heimat diskutieren, verrieten sie mir. In Griechenland herrscht seit zwei Jahren eine Militärjunta.

Jean Rey kam tatsächlich für ein kurzes Gespräch vor das

Hotel und verriet den Studenten, dass er ihre Sorgen um ihr Heimatland verstehe. Aber sie müssten wiederum verstehen, dass er nicht für längere Zeit aus der Festrunde verschwinden könne. Und er drückte jedem Studenten einen Fünf-Mark-Schein in die Hand »für ein Bier«. (Woher er die Scheine so plötzlich hatte, weiß ich nicht...) Der Auftritt hatte noch keine fünf Minuten gedauert.

Diese Begebenheit am Rande hatte also der »Vorgesetzte« zum großen Ereignis und zum Aufmacher-Artikel auf der ersten Seite umgeformt. Unter der reißerischen Überschrift stand etwas, was für die Titelseite der Aachener Nachrichten höchst ungewöhnlich war und ja auch nicht stimmte — die Zeile »von Nachrichtenredakteur Horst Schwartz«. Gut, dachte ich bei mir, dass ich in absehbarer Zeit nicht nach Griechenland reise.

[1969]

Dies ist der einzige Bericht in diesem Band, der nicht unmittelbar auf einer Reise fußt.

Drei der stolzen Damen von der Akropolis

Wie ich der antiken Lady sehr nahe komme

Streicheleinheiten unter der Plane

Was für ein Gewusel! Ich besuche zum ersten Mal das 2009 eröffnete und schon legendäre Akropolis-Museum in Athen. Draußen regnet es leicht, und im Museum drängeln sich die Besucher vor den Kassen – ältere Paare mit dem Reiseführer in der Hand, Jungverliebte, kleine und große Reisegruppen und viele, viele Schulkinder. Durch die Menschenmassen kämpft sich meine Verabredung, die ich nur von Bildern kenne: Professor Dimitris Pantermalis, der Chef des Museums, »Präsident« genannt.

»Es tut mir so leid, aber ich bin dringend ins Finanzministerium gerufen worden«, sind seine ersten Worte auf Deutsch, als wir uns begrüßen, »Sie können sich vorstellen, dass das wichtig ist für uns.« Wie schade! »Nein, ich komme wieder, und Sie warten hier. Ich gebe Ihnen eine Archäologin zur Seite, die Ihnen zeigt, was Sie sehen wollen und erklärt, was Sie wissen möchten.« Sprach's und ist schon wieder im Gewusel untergetaucht.

Ich erhalte also erst einmal eine eineinhalbstündige Privatführung auf Englisch. Die übernimmt eine junge und (mir sei die Bemerkung gestattet:) atemberaubend schöne und nicht weniger kluge Archäologin aus dem neunköpfigen Team, das Besuchern zur Beantwortung ihrer Fragen zur Verfügung steht. Dem Schöpfer der Karyatiden auf der

Prof. Dimitris Pantermalis und eine der Karyatiden

Akropolis muss eine solch stolze Frau Modell gestanden haben. Die Führung hilft mir, vieles zu begreifen, was ich bis dahin eher vage wusste.

Und dann ist er wieder da, der Museumschef, der unter

Archäologen schon längst eine Legende ist, vor allem wegen seiner Ausgrabungen von Dion am Olymp. Er lotst mich durch den Museumsshop, schenkt mir einen (vorzüglichen!) Katalog auf Deutsch und steht mir dann im Museumsrestaurant an einem permanent für ihn reservierten Tisch Rede und Antwort. Dies übrigens auf Deutsch, Dimitri Pantermalis hat in Freiburg promoviert.

Die Gesichter sind vom Smog zerfressen

In kürzester Zeit deckt unser Gespräch einen breiten Themenkreis ab: seine Biografie, die überlange Bauzeit des Akropolis-Museums, dessen Konzeption, das Spiel von Körper und Licht in dem modernen Bau aus Beton, Stein, Glas und Tageslicht, die Finanzierung (das Museum erhält keinen Cent staatliche Unterstützung), die Kunst, preiswerte Ausstellungen zu machen und warum das Museum so viel für Kinder tut. Dann kommen wir auf die komplizierte Restaurierung der vom Smog zerfressenen Statuen auf der Akropolis zu sprechen.

Zum Schluss schenkt mir der freundliche und kluge alte Herr (ich darf das sagen, wir sind gleichalt) etwas, was er »ein Privileg« nennt: Ich darf mit ihm auf das Podium steigen, auf dem (vor den Besuchern sorgfältig mit Planen abgedeckt, aber zur Information permanent auf einen Bildschirm übertragen) eine der Karyatiden des Erechtheion-Tempels mit Laserstrahlen gereinigt wird.

Karyatiden sind weibliche Statuen, die Gebäudeteile tragen – hier das Dach der Vorhalle zum Tempel. Ursprünglich waren das sechs Ladys, aber eine Figur wurde Anfang des

19. Jahrhunderts vom berühmt-berüchtigten Lord Elgin nach England geschafft und steht heute im British Museum. Auf der Akropolis wurden längst Kopien aufgestellt und die Originale buchstäblich in letzter Stunde vor dem Zerfall gerettet und in das jetzt aufgelöste alte Museum auf der Akropolis geschafft.

Die Statuen haben kaum noch erkennbare Gesichter. Als ich sie 1964 am Originalort zum ersten Mal sah, war das noch anders, und ihr Antlitz erschien mir sehr geheimnisvoll. Professor Pantermalis erlaubte mir das zu tun, was normalerweise streng verboten ist, nämlich die Figur anzufassen und zu streicheln – ein sinnliches Erlebnis, das ich nie vergessen werde.

[2011]

Dornröschen als Marketingtrick

Sababurg-Schlossherr überlässt nichts dem Zufall

N ein, mit Dornröschen hat die Sababurg in Nordhessen eigentlich nichts zu tun. Dornröschen, die Märchenfigur, hat dort nicht gelebt. Es ist genau 60 Jahre her, dass die Großeltern des heutigen Pächters und Schlossherrn Günther Koseck die damalige Schlossruine im Reinhardswald als Marketingtrick zum Dornröschenschloss wachgeküsst haben.

Das Schloss hat keinerlei direkten Bezug zum Dornröschen-Märchen – aber man könnte sich gut vorstellen, und die Besucher tun das auch gerne, dass die Märchenfigur in solch einem Schloss gelebt und hundert Jahre geschlafen hat. Besonders bei Gästen aus den USA und dem märchenversessenen Japan kommt die Flunkerei mit der Märchenfigur auf der Sababurg gut an.

Die Etablierung der Deutschen Märchenstraße in den 1970-er Jahren war für das Geschäft auch nicht gerade abträglich. Und als auf der Burg Deutschlands erstes externes Standesamt etabliert wurde, war das wie ein Ritterschlag. Heute ist die Sababurg nicht nur ein anheimelndes Hotel, sondern auch ein hochfrequentiertes Ausflugsziel und eine begehrte Eventlocation.

Dabei überlässt der Schlossherr nichts dem Zufall. Er arrangiert Theaterspiele in der beeindruckenden Pallas-Ruine und Auftritte von Dornröschen mit ihrem Prinzen beim Dinner. Beliebt sind die Dornröschen-Führungen durch den herrlichen Schlossgarten. Und wenn die Gäste ein Erinnerungs-Centstück in den Schlossbrunnen werfen, hat er ihnen vorher nagelneue, blinkende Ein-Cent-Münzen in die Hand gedrückt. Die hat er sich bei der Europäischen Zentralbank besorgt.

Auch Rosen spielen in seinem Marketingkonzept eine große Rolle, und zwar in beeindruckender Vielfalt im Schlossgarten und als Rosen-Konfitüre, Rosen-Likör, Rosen-Tee oder Rosen-Schokolade beim Souvenirverkauf. Mit solchen Andenken vom Tartan-Kissen, bestickt mit dem Motiv »Dornröschenschloss Sababurg«, bis zum Rezeptbuch »Grimm'sche Kochereien« macht Günther Koseck, das Marketinggenie, immerhin zwölf Prozent seines Umsatzes.

[2017]

Madonna mit exakter Sommer- und Winterzeit

Marienerscheinung macht Medjugorje zu Hotspot

Da bin ich. Wer nicht an Wunder glaubt, so heißt es, sollte einmal zur Marienerscheinung nach Medjugorje fahren. Das ist ein ehemals ärmliches, reizloses Städtchen in der Herzegowina, das sich in nur acht Jahren zu einem der meistbesuchten Ziele Jugoslawiens entwickelt hat.

Einen Teil der Besucher zieht es in den zwischen Mostar und Adriaküste liegenden Wallfahrtsort, weil sie an das Wunder der Marienerscheinung glauben, das sich hier ereignet haben soll und angeblich immer noch ereignet. Die anderen buchen einen Ausflug dorthin, um den Rummel zu bestaunen, den die angeblichen Erscheinungen auslösen. Ich zähle mich zur zweiten Kategorie.

Alles begann am 24. Juni 1981. Um der Hitze in der Stadt zu entfliehen, schlenderten sechs Kinder zum Hügel Podbrdo, der etwa drei Kilometer hinter dem Ort liegt und auf dem häufig eine kühle Brise weht. Und dann geschah etwas Seltsames, das exakt festgehalten worden ist, weil die vier Mädchen und zwei Jungen im Alter von acht bis 15 Jahren das Ereignis immer wieder mit denselben Worten und derselben Beharrlichkeit erzählt haben: Eltern und Freunden, Priestern und Lehrern, Ärzten, Psychologen und auch Parapsychologen.

Um 18:45 Uhr erblicken die Kinder nach ihrer Darstellung

eine schöne junge Frau, wie von einem intensiven Licht erleuchtet. Die Erscheinung habe sich als Muttergottes vorgestellt und den Kindern Friedensbotschaften mit auf den Weg gegeben. Von da an erschien Maria den Kindern Tag für Tag, anfangs noch auf dem Hügel, später in den Wohnungen und heute in der Pfarrkirche Sankt Jakob. Diese hatte man vor den Marienerscheinungen viel zu groß erbaut; heute kann die Kirche die Besucher kaum noch fassen.

Den Pfarrer warfen sie Gefängnis

Während ein Teil der Bevölkerung von Anfang an den Kindern Glauben schenkte und mit hinaus auf den Hügel pilgerte, blieb der Pfarrer Sankt Jakob zunächst so skeptisch wie die Behörden. Die Kinder wurden intensiv befragt, ja regelrecht verhört und zahlreichen Tests unterzogen. Sie rückten allerdings von ihrer Darstellung nicht ab, bis sie endlich auch den Pfarrer überzeugt hatten. Nun reagierte die Staatsmacht mit Druck und warf den Pfarrer, der mittlerweile stärkster Fürsprecher der Kinder geworden war, für ein paar Monate ins Gefängnis.

Inzwischen hat sich das Blatt völlig gewandelt. Die Marienerscheinung ist akzeptiert, und heute würden die Behörden lieber die Skeptiker hinter Gitter schicken, da das Wunder von Medjugorje der Region einen ungeheuren Wirtschaftsboom beschert hat. Die Entwicklung verlief wie in einer Goldgräberstadt. Links und rechts der kilometerlangen, nur notdürftig befestigten Zufahrtsstraße wurden Pensionen, Hotels, Restaurants und Privathäuser für die vielen Besucher aus dem Boden gestampft. Rasch errichtete Souvenirstände, mehr Verschläge als Läden, und die Fastfood-Buden verleihen dem Ort ein provisorisches Aussehen.

Doch scheint man sich der wundersamen Sache auch für die Zukunft sicher zu sein. Allein die Zahl der Betten in Privatunterkünften ist auf weit über 4.000 gestiegen, und im benachbarten Ort Citluk steht noch einmal die gleiche Anzahl zur Verfügung. Ein jugoslawischer Reiseveranstalter hat sogar eine Bungalowanlage mit 300 Betten und drei Restaurants errichtet, die 1987 eingeweiht wurde. Die Grundstückspreise sind inzwischen derart in die Höhe geklettert, dass selbst heimkehrende Gastarbeiter mit ihren gut gepolsterten Devisenkonten diese kaum noch bezahlen können. Es wird nicht mehr lange dauern, bis ausländische Investoren in das Geschäft einsteigen.

Längst wird mehrsprachig gepredigt

Souvenir-Produzenten aus Fernost zählen schon längst zu den Lieferanten, die ganze Containerladungen von Kitsch nach Medjugorje schicken, Plastikflaschen in Form von Marienfiguren beispielsweise, Aufkleber und Heiligenbilder. Rosenkränze in allen Formen und Farben werden von vielen jugendlichen Besuchern nicht mehr zum Beten benutzt, sondern zweckentfremdet und gleich im halben Dutzend als Armbänder getragen.

Nach jeder Messe segnet der Pfarrer in der Pfarrkirche die Devotionalien. Dort hat man sich auf die vielen ausländischen Besucher eingestellt. In fünf Sprachen grüßt ein Schild vor der Kirche: »Herzlich willkommen! Friede den Kommenden! Freude den Verbleibenden! Segen über Abreisende!«

In der Vorhalle von Sankt Jakob trennt eine Glaswand Neugierige von Gläubigen. Für die werden die Predigten ebenfalls mehrsprachig gehalten. Viele Pilger drängen, mit Fotoapparat und Blitzlicht bewaffnet, in die Sakristei, wo die Seher angeblich noch heute ihre Erscheinungen haben. Sie finden im Sommer jeden Tag pünktlich um 18:45 Uhr statt, im Winter – ebenfalls pünktlich – eine Stunde früher.

Dass die Erscheinungen bei den Auserwählten große Emotionen auslösen, spiegelt sich auf deren Gesichtern wider – für die Umstehenden übrigens der einzige Anhaltspunkt für das Wunder. Denn nur die ehemaligen Kinder vom Hügel, heute junge Erwachsene, können die Muttergottes sehen. Bemerkenswerterweise sind zwei der jungen Frauen, die wohl aus privaten Gründen aus der Runde ausgeschieden sind, durch zwei andere ersetzt worden. Das ist Marketing!

Die Botschaften werden protokolliert

Jedes Mal werden die Botschaften überliefert und protokolliert. »Liebe Kinder! Seht, heute möchte ich Euch einladen, dass Ihr alle von heute an das neue Leben zu leben beginnt«, wurde beispielsweise am 25. Januar 1987 notiert. »Ich möchte, dass Ihr begreift, dass Gott jeden von Euch auserwählt, um ihn für den großen Erlösungsplan der Menschheit zu verwenden.« So blumig die Sprache ist, so sehr passen die Botschaften in unsere Zeit: Von Frieden ist darin die Rede, der nicht durch Waffen, sondern nur durch Liebe erreicht werden kann. Und immer wieder wird betont, dass die Christen auch Andersgläubige lieben müssen, Moslems und Orthodoxe, aber auch die Marxisten.

Die katholische Kirche hat bisher keine eindeutige Stellung bezogen. Die Priester in Medjugorje glauben an die Erscheinungen, der Bischof von Mostar hält nichts davon, der Erzbischof von Split dafür umso mehr. Er vergleicht den neuen Wallfahrtsort sogar mit Lourdes und Fatima. »Wir Bischöfe haben als Bischofskonferenz erklärt, dass wir keine offiziellen Wallfahrten leiten werden«, sagt er, »aber die Privaten haben wir zugelassen.« Eine Entscheidung des Vatikans steht noch aus.

Tägliche Lawine von 10.000 Pilgern

Es sind keineswegs nur die alten Leute, die lawinenartig nach Medjugorje pilgern, vor allem unter den jugoslawischen Besuchern finden sich auch viele junge Menschen. Täglich bis 10.000 Pilger strömen nach Medjugorje, und am Jahrestag der ersten Erscheinung, dem 24. Juni, sind es stets 200.000 bis 300.000.

Pro Jahr muss der Wallfahrtsort mittlerweile über fast vier Million Besucher verkraften. Sie kommen mit einer eigens eingerichteten Fähre aus Italien, sie reisen aus Irland und Portugal an, und selbst die Pilger aus den Philippinen spielen jetzt in der jugoslawischen Fremdenverkehrsstatistik eine Rolle. Reiseveranstalter in aller Welt haben sich auf diesen Pilgertourismus spezialisiert. In Wien erscheint sogar eine eigene Medjugorje-Zeitschrift, und in Deutschland vertreiben verschiedene Informationsstellen Broschüren, Tonbandkassetten und Videofilme. Sie geben auch telefonisch über das Wunder von Medjugorje Auskunft.

Für das Jahr 1990 rechnet der jugoslawische Staat in Medjugorje mit Einnahmen von 200 Millionen Dollar, mehr als die Hälfte der Gesamteinnahmen von Bosnien und Herzegowina. Die Zahl der anreisenden Pilger erhöht sich noch durch Tagesbesucher, denn Ausflüge nach Medjugorje stehen in fast jedem Urlaubsort zwischen Split und Dubrovnik auf dem Programm. 100 oder 150 Autobusse, die sich gleichzeitig durch den Ort quälen, sind keine Seltenheit. Taxen und Privatautos machen das Chaos perfekt. Manchmal geht nichts mehr, und vor allem auf der Zufahrtsstraße zum Hügel Podbrdo streiten sich Autofahrer häufig ganz unchristlich über Vorfahrtsrechte.

Der Pilgerweg ist steinig und beschwerlich

Ein steiniger, beschwerlicher Pilgerweg führt das letzte Stück auf den Hügel hinauf. Ich habe die Souvenirbuden hinter mir gelassen, jetzt hört auch der Rummel auf. Pilger knien, im Gebet versunken, vor dem Gipfelkreuz, das von Grußbotschaften und Bittschriften inzwischen so stark beklebt wurde, dass das Holz kaum noch zu sehen ist. Alles wirkt unwirklich.

Viele Pilger setzen von hier aus ihren Weg zum mehrere Kilometer weiter nördlich liegenden Berg Krizevac fort. Ich passe. Auf dem Berg wurde lange vor Beginn der Marienerscheinung, bereits 1933, ein massives Steinkreuz errichtet. Nach dem 24. Juni 1981, so wird immer wieder berichtet, sollen auch hier mystische Begebenheiten registriert worden sein.

[1989]

Wie ich mich mit dem Bornholm-Virus anstecke

Der Überträger ist ein alter Freund

Ansteckend ist die Begeisterung von Werner Levano. »Habe ich Dir zu viel versprochen?« fragt er mich immer wieder. Zum ersten Mal seit dem Krieg bereist er mit Frau und Tochter - und mit mir im Schlepptau - die kleine dänische Insel Bornholm. Ich bin begeistert. Die mächtige Burgruine Hammershus, die Fachwerkhäuser, die weiten Strände, die Klippen und Wälder... Und nicht zuletzt Werner Levanos Geschichte, die untrennbar mit Bornholm verbunden ist.

Ich bin dem Mann also dankbar, dass er mich zu dieser Reise überredet hat: »Die Insel musst Du sehen!« Dem 25 Jahre älteren Freund verdanke ich ohnehin so einiges. In langen Gesprächen hat er in mir vor zwei Jahren den Entschluss reifen lassen, Journalist zu werden. Und in nicht weniger intensiven Gesprächen nimmt mich der Mann immer wieder mit in seine Bornholmer Zeit, die nun schon über ein Vierteljahrhundert zurückliegt. Werner Levano erzählt:

Der Mann, der ihn an der Nachtfähre in Rønne erwartete, trug Smoking. So hatte sich der junge Jude, der gerade dem Konzentrationslager Dachau entkommen war, seinen künftigen Arbeitgeber nicht vorgestellt. Wie seine 20 Schicksalsgenossen sollte er auf einem Bauernhof arbeiten, und deshalb hatte er nach einem rustikal gekleideten Mann in Gummistiefeln Ausschau gehalten. Für den Bauern August Olsen war es dagegen eine Selbstverständlichkeit, seine neue Hilfskraft nach einer durchfeierten Nacht in diesem Aufzug in Empfang zu nehmen. Auf dem Hof lernte Werner Levano August Olsen dann anders kennen – »mit den ältesten Klamotten an der Jauchepumpe«. Zwei Jahre lang, vom Frühjahr 1939 bis zum Frühjahr 1941, sollte der Hof sein neues Zuhause sein.

Vom Arbeitsplatz weg verhaftet

Seine eigentliche Heimat war Aachen. Dort wurde Werner Levano 1917 als Kind einer jüdischen Familie geboren. Wie vielen Jugendlichen seines Alters erschien auch Werner Levano der Zionismus als rettende Antwort auf die drängende Frage, wie man der Bedrohung durch das NS-Regime entfliehen könne: »Unser Ideal war, in Palästina eine Gesellschaftsordnung zu schaffen, in der soziale Gerechtigkeit galt.« Er schloss sich der Organisation »Der Pionier« an, die von Palästina aus organisiert wurde. Sie diente dem Zweck, junge Menschen durch solide Ausbildung in Landwirtschaft und Handwerk auf ein neues Leben in Palästina vorzubereiten.

Nach dem Besuch der Gartenbauschule bei Hannover zog Werner Levano 1937 in ein Pionier-Vorbereitungszentrum in Süddeutschland, wo 30 bis 40 junge Leute wie in einem Kibbuz lebten. Dort wurden am 9. November 1938 alle Männer vom Arbeitsplatz weg verhaftet und nach Dachau transportiert.

Es war wieder der Organisation »Der Pionier« zu verdanken, dass sie dort nur fünf Wochen verbringen mussten.

Eine dänische »Pionier«-Zentrale, die von Frankreich und England unterhalten wurde, kümmerte sich um die Gruppe junger Juden im KZ Dachau und erreichte auf ganz legalem Weg die Freilassung. Denn die Gruppe profierte vom Abkommen zwischen Deutschland und Dänemark, das einen Austausch landwirtschaftlicher Schüler vorsah. Die Einreiseerlaubnis nach Dänemark war streng an den Arbeitsplatz gebunden und mit dem Vermerk versehen: »Unbezahlter landwirtschaftlicher Schüler« – für Werner Levano »eine Art Stillhalteabkommen beider Seiten«. Denn jedermann wusste, dass die Austauschschüler später nach Palästina gebracht werden sollten.

Ein Haus bei Rø als Treffpunkt

Auch auf Bornholm wurde die Gruppe von der Organisation weiter betreut. Sie besorgte Fahrräder und mietete im Wald bei Rø ein kleines Haus, das den Deutschen, von denen die meisten bei Bauern und einige wenige bei Fischern untergekommen waren, als Treffpunkt diente.

Seinen Arbeitgeber August Olsen lernte Werner Levano als »echten Patriarchen kennen, der sich durch Gradlinigkeit und Rechtschaffenheit auszeichnete, aber leider nicht durch Freigiebigkeit«. Denn abgesehen von einem kleinen Taschengeld bestand er auf Erfüllung des Vertrages, der unbezahlte Arbeit vorsah. Bei der Arbeit gab es ebenfalls keine Sonderbehandlung. Der Bauer hielt 50 Schweine und 25 Milchkühe, und Werner Levano musste Schweine füttern und morgens um 5 Uhr die Kühe melken, im Sommer auf der Weide, im Winter im Stall. Am liebsten war ihm die Arbeit hinter dem Pflug.

Mit einer Tatsache musste sich Werner Levano, der sehr schnell Dänisch lernte, abfinden: »Ich galt plötzlich auf Bornholm nicht mehr als Jude, sondern als Deutscher.« Und denen begegnete man mit Reserve oder gar mit Misstrauen. Das schlägt Werner Levano auch jetzt wieder entgegen. Denn er spricht Dänisch mit Bornholmer Dialekt. Ein früherer Besatzungssoldat also? Es dauert immer eine Zeit, bis er den reservierten Bornholmern seine Lebensgeschichte erzählt hat.

Der Abschied fällt uns schwer

Von der Besetzung Bornholms durch die deutschen Truppen am 10. April 1940, einen Tag später als im übrigen Dänemark, hat Werner Levano nicht viel gemerkt: Das Einzige, was er vom Krieg sah, war das Kriegsschiff »Gneisenau«, das auf dem Weg nach Brest an der Insel vorbeifuhr. Doch »allmählich kam das Bewusstsein auf, dass man in der Falle saß, wenn es irgendwo knallte". Mitte Mai 1941 sorgte die Pionier-Organisation für eine Umschreibung der Arbeitsgenehmigungen, und die deutschen landwirtschaftlichen Helfer siedelten nach Seeland um.

Das Wiedersehen mit der Insel ist geglückt. Der Abschied fällt uns schwer. Ich spüre, dass ich angesteckt bin. Von einem Virus. Ich nenne ihn mal den Bornholm-Virus.

[1966]

Der Zauberer von Bratislava

Behält der Messechef alle Abmachungen im Kopf?

Was ist denn mit dem Mann los? Ein großes Event steht auf dem Spiel. Seit Stunden verhandeln wir. Mein Gegenüber macht Zusagen und Versprechungen. Aber er macht sich keine einzige Notiz.

Wir sitzen im Chefbüro der Messe Bratislava. Wir, das sind die Generalsekretärin der touristischen Werbegemeinschaft »Die Donauländer« und ich. »Die Donauländer« sind eine grenzüberschreitende Werbegemeinschaft aller Donau-Anrainerstaaten, auch der Staaten jenseits des Eisernen Vorhangs. Ich mache seit Jahren für die Organisation Pressearbeit.

Jetzt ist die Europa durchziehende Grenze gerade gefallen. So rückt Bratislava, die slowakische Metropole nicht weit von Wien, in den Mittelpunkt. Hier soll die Donaubörse durchgeführt werden, eine alle zwei Jahre stattfindende touristische Messe. Darüber verhandeln wir gerade. Wie groß werden die einzelnen Stände sein? Was kostet die Miete? Wie ist der Service, das Catering, der Transport von Ausstellern und Messebesuchern, das Rahmenprogramm? Wie viele Journalisten laden wir ein?

Das alles sind Fragen, deren Beantwortung mit hohen Geldsummen verbunden ist. Und das soll der Messechef alles im Kopf behalten? Unmöglich… Wenigstens macht sich seine Assistentin ein paar Notizen.

Die Donau-Generalsekretärin ist eine sehr geschickte und

durchaus harte Verhandlerin. Ich sehe, dass auch sie beginnt, sich Sorgen um das Event zu machen. »Was war denn da los«, platzt es aus ihr heraus, als wir in Begleitung der Assistentin schließlich das Chefbüro verlassen, »warum hat sich Ihr Chef nichts, rein gar nichts notiert?«

»Das ist nicht nötig, der Mann hat keine Ahnung«, lautet die Antwort.

»Wieso keine Ahnung, er ist doch Messechef«, heißt die Gegenfrage.

Die Antwort: »Der Mann ist kein Messefachmann. Der ist Zauberer.«

»Zauberer?«

Das ist wortwörtlich zu nehmen. Die Erklärung: Als der Eiserne Vorhang fiel, sollten auch in der Tschechoslowakei viele staatliche Betriebe privatisiert werden. Um einen reibungslosen Übergang zu garantieren, brauchte Václav Havel, Staatsoberhaupt der Tschechischen und Slowakischen Föderativen Republik (wie der Staat heute heißt), an der Spitze der Unternehmen Vertraute. Die engsten Vertrauten des Dramatikers und Politikers waren nun mal Künstler. Als diese knapp wurden, aber noch weitere Unternehmen wie die Messe Bratislava privatisiert werden sollten, setzte er auf die Spitzenpositionen – Kleinkünstler, wie den Zauberer von Bratislava.

[1990]

Hotelinspektion im Bademantel

Ich werfe mal wieder ein volles Glas um

Das große Cola-Glas kippt um. Die braune Flüssigkeit schwappt über meinen Anzug. Jackett und Hose sind patschnass. In mir macht sich Verzweiflung breit. Ich habe nur diesen einen Anzug im Reisegepäck und muss heute und in den nächsten Tagen noch mehrere Termine erledigen

Tatort ist der renommierte Kurort Karlsbad in Tschechien und dort das Hotel Prezident, ein luxuriöses Wellness-Haus für hundert Gäste. Nicht nur die Hardware ist vom Feinsten, sondern auch der Service, wie sich schnell herausstellt. Ich sitze mit der Hoteldirektorin in der Lounge am Tisch und führe ein Interview. Ach ja, ein Foto muss ich auch noch machen. Also schnapp' ich mir die Kamera. Dabei übersehe ich, dass sich der Tragriemen um das Cola-Glas geschlungen hat – und schon ist es geschehen.

Ich habe übrigens große Übung im Umwerfen von vollen Gläsern. Dieses Missgeschick zieht sich wie ein roter Faden durch mein Leben von der Kindheit bis heute. Jahrelang habe ich keinen Rotwein getrunken, weil Weißwein einfach weniger Flecken macht. In letzter Zeit, so dachte ich, passiert mir das Missgeschick seltener als früher.

»Regen Sie sich doch bitte nicht darüber auf«, tröstet mich die Hotelchefin, »das kann doch jedem mal passieren.« Ja – mal. Aber warum immer mir? Und warum so oft? denke ich. Die Hotelchefin weist mir ein Zimmer zu, wo ich den triefenden Anzug ausziehen und einen weißen, flauschigen Bademantel anziehen kann.

Zum ersten Mal in fünf Berufsjahrzehnten mache ich eine Hotelinspektion im Bademantel. Niemand stört sich daran, denn ich wirke wie ein Kurgast. Aber im Bademantel das Restaurant zu besichtigen und die Bar, das ist in keinem Hotel normal. Aber die Gäste des Prezident haben Stil: Niemand lässt sich anmerken, dass er vielleicht befremdet ist.

Nach gut zwei Stunden habe ich alles gesehen, diverse Zimmer, die Sauna und die Sonnenterrasse, das Restaurant, die Lounge und die Bar. Nun noch ein Abschlussgespräch führen, auch dies im Bademantel in der Lounge. »So, nun schauen Sie mal wieder in Ihr Zimmer«, schmunzelt die Hoteldirektorin, »dort haben wir eine Überraschung für Sie!« Und da liegt er, mein Anzug, frisch gereinigt und perfekt gebügelt.

[2019]

Begegnung mit Elvis' Sohn

Panos zeigt mir auf Kreta Überraschendes x 10

Der Mann, der mir in Istro, einem Örtchen im Osten Kretas, entgegenkommt, ist klein, von ein wenig rundlicher Statur, über seinem Bauch spannen sich Hosenträger. Er trägt einen Vollbart und hat eine lustige, listige Augenpartie. »Ich bin Panos!«, sagt er. Und fügt hinzu: »Meine Karre steht dahinten...«

Den Kontakt mit Panagiotis Koutoulakis habe ich brieflich hergestellt. Zur Aktualisierung meiner Kreta-Buchrecherchen hatte ich eine Kontaktperson auf Kreta gesucht und mich auf dem Griechenland-Stand der ITB umgehört, der größten Tourismusmesse der Welt in Berlin. Mir wurde empfohlen, mich an Panagiotis Koutoulakis zu wenden. Das erwies sich als perfekter Tipp. Panos hat zehn Jahre in Berlin gelebt und dort ein griechisches Restaurant betrieben, ehe er auf seine Heimatinsel zurückkehrte. Panos spricht nicht nur Deutsch, er denkt auch Deutsch. Das macht es ihm möglich, als – durchaus stolzer! – Kreter seine Heimat und seine Landsleute mit einer gewissen Distanz zu betrachten. Ein Kreter also, der sich über kretische (Un-)Sitten lustig machen kann, z.B. über das unorthodoxe Autofahren.

Dass er sich gut in die Mentalität seiner deutschen Gäste hineinversetzen kann, kommt ihm bei seiner Profession sehr entgegen. Panos unterhält in Istro die kleine Reiseagentur Minotours, in der er zahlreiche Dienstleistungen anbietet: Geldwechsel, Mietwagenverleih, Ausflüge. In erster Linie vermietet Minotours Appartements, Ferienwohnungen und

Villen an Kreta-Urlauber. Panos' Credo: »Wer die Kreter kennenlernen will, muss dort leben, wo die Kreter wohnen.«

Panos ist gerne auf Tour

Ich gehe also mit Panos zu seiner »Karre«. Wir mögen uns auf Anhieb. Von dem Tag an sind Panos und ich Freunde, er ist wahrscheinlich sogar der beste Freund, den ich je hatte.

Sofort merke ich: Panos ist gerne auf Tour. Er kennt in Ostkreta jeden Stein. Am liebsten sind ihm Dörfer, Tavernen, Kirchen und Aus-grabungsstätten abseits der ausgetretenen Touristenpfade. Überall, wirklich überall wird Panos mit »Hallo« begrüßt. Die Herzlichkeit wird auch auf mich übertragen: »Panos' Freund ist auch mein Freund…« Das gilt für den Dorfpopen ebenso wie für den Wirt der Taverne, für den Souvenirverkäufer wie für den Schuster des Ortes.

Ich reise also auf Kreta herum mit Panos. »Das hier ist weitaus das beste Hotel, das Du finden kannst«, sagt er vor einer Luxusherberge in Elounda, »willst Du es mal sehen?« Sprach's und steuert mit mir im Schlepptau ohne jede Scheu vor dem exzessiv ausgebreiteten Luxus die Rezeption an. Ohne einen Termin zu haben oder verabredet zu sein, wünscht er, die General Managerin zu sprechen. Sie erscheint, begrüßt Panos mit herzlichem Knuddeln und mich fast ehrfurchtsvoll, als sei ich der Quartiermeister der Royals.

Heute führt mich Panos zu einer einsamen Taverne, die weitab von jedem Ort in einer Senke im Schatten einer ebenso einsamen Kirche liegt. »Jetzt lernst Du Elvis' Sohn kennen«, schmunzelt er, als wir uns im Freien niederlassen. Der Wirt erscheint, und ich komme aus dem Staunen nicht heraus: 15 Jahre nach dem Tod des Stars kommt mir da der junge Elvis Presley entgegen – das gleiche Gesicht, der gleiche Gang, die absolut gleiche Frisur.

»You are Elvis' Son?« »Of course!«

Als der junge Mann nach Aufnahme der Bestellung zurück in die Taverne stolziert, hält es mich nicht mehr auf meinem Stuhl. Ich gehe ihm nach in die Küche, erschrecke mich noch einmal ob der Ähnlichkeit zu Elvis und frage ihn zweifelnd:

»You are Elvis' Son?«

»Of course«, lautet die einsilbige Antwort, und der junge Mann zeigt mir Fotos über Fotos. Immer ist darauf Elvis, das Original, gut zu erkennen, aber nie die Person in seiner Nähe. »Der spinnt«, lautet später Panos' Kommentar, »und er wird gefährlich, wenn man ihm widerspricht.« So habe er vor einem Jahr einen Gast, der ihm seine Rolle als Elvis' Sohn nicht abkaufen wollte, kurzerhand mit einem Gewehr erschossen. Und dann? Wegen seiner Geistesgestörtheit sei die Strafe zur Bewährung ausgesetzt worden, behauptet Panos.

Schon bei der ersten gemeinsamen Inselrundreise gehen Panos und ich eine Wette ein. Oder genauer: Panos gibt ein großspuriges Versprechen ab. Jedes Mal, wenn ich im halbjährlichen Takt nach Kreta käme, werde er mir zehn Dinge zeigen, die ich noch nie gesehen hätte.

Panos hält sein Versprechen

Mal führte er mich zu einem neu entdeckten historischen Grab, das noch nicht einmal kartiert war, mal machte er mich mit »dem letzten Holzlöffelschnitzer der Insel« bekannt, mal zeigte er mir nicht ohne Stolz die neue Beleuchtung einer Höhle, die Besucher nun ohne Taschenlampe erkunden konnten. Auf diese Weise lerne ich die besten Souvenirs auf der Insel Kreta kennen, die verstecktesten der vielen kleinen Kirchen auf dem Lande – und vor allem die herrlichsten Tavernen, deren Wirte noch keine Zugeständnisse an Touristen gemacht haben.

In all den Jahren ist es mir nicht einmal gelungen, die Rechnung für das stets üppige Mahl zu zahlen. Panos ist immer schneller, immer raffinierter. Er bezahlt manchmal schon pauschal vor dem Tavernenbesuch, manchmal auf ein Augenzwinkern mit dem Wirt hin erst Tage später. Einmal stehe ich mitten im Tafeln auf, um – angeblich – zur Toilette zu gehen. »Ich möchte rasch bezahlen«, raune ich dem Wirt zu. Der grinst nur: Panos hatte wieder einmal die Rechnung schon längst beglichen. [1991]

Wo es kein Zipfelchen Plastik gibt

In »The Brakers« dominieren Holz und Stoff

Man könnte meinen, Stefan Reichl hasse Plastik. Denn im Hotel The Breakers, das er entworfen hat und leitet, gibt es kein Fitzelchen davon. Kein Plastikstuhl steht in dem Vier-Sterne-Haus am Roten Meer, kein Plastikgeschirr wird zum Servieren benutzt, kein Plastikbezug deckt Sitzgelegenheiten oder Liegen ab.

Holz und Stoff dominieren in dem Hotel mit seinen 173 Zimmern: Türen und Fensterrahmen sind aus Holz, Galerien und Wandverkleidungen, Stühle, Liegestühle und Beach-Mobiliar. »Wenn das Holz altert, wird es immer schöner«, schwärmt der Hotelchef. Sein Haus besitzt bei so viel Holzbedarf eine eigene Schreinerei, und auch die Bezüge für Stühle, Barhocker und Strandliegen werden im Haus genäht. »Wir machen alles selbst«, ist Reichl stolz.

Das Hotel an der berühmten Souma Bay, 45 Minuten vom Flughafen Hurghada entfernt, wurde 2010 eröffnet. 60 Prozent der Gäste sind Wiederholer. Die Philosophie des Hauses ist, »dass sich die Gäste bei legerem Dresscode zu Hause fühlen, dass wir sie ansprechen und sie auch immer einen Ansprechpartner haben« (Reichl).

Auch in der Wahl der Mitarbeiter geht Stefan Reichl unkonventionelle Wege: »Sie müssen Menschen mögen – alles andere können sie lernen.« Die Fluktuation unter den 175

Mitarbeitern ist gering, wer einmal dabei ist, bleibt auch an Bord, manche schon von Anfang an.

Pool, Restaurant, Roofbar, das Hotel lässt nichts vermissen. Auch kein Gym, das aber – äußerst ungewöhnlich – total einsehbar im Zentrum des Hotels liegt. Reichls Erklärung: »Wenn einer ein Leben lang trainiert und keiner sieht das, hat er nichts davon; hier hat er etwas davon.« 80 Prozent der Zimmer haben Meerblick. Und was für einen Blick: auf den langen, feinen Sandstrand, auf großzügiges Beachmobiliar unter Palmen und auf einen 420 Meter langen Panoramasteg, der ins Meer und zu einem herrlichen Riff hinausführt. Direkt an das Breakers angeschlossen ist der Orca Diveclub mit zertifizierten Tauchlehrern und 60 kompletten Tauchausrüstungen.

Einer der weltweit besten Kitespots

Acht Autominuten mit dem kostenlosen Shuttle entfernt liegt an einer Flachwasserbucht das hoteleigene Kitehouse, Stützpunkt der Kiter, die hier laut Reichl »einen der besten Kitespots weltweit« finden. Zum Verleih liegen 120 Kites und 60 Boards bereit. Ein Restaurant mit Panoramaterrasse und eine Bar verschönern den Sportlern den Tag. Von dort beobachte ich, unsportlich wie ich bin, ihre Kunststücke. Ich komme aus dem Staunen nicht heraus, aber neidisch bin ich nicht.

Für Familien werden im plastikfreien Hotel ein paar Familienzimmer angeboten, und auch um Alleinreisende kümmert sich das Hotel: Zweimal in der Woche gibt es für diese Gästegruppe Drinks an der Bar und gemeinsames Abendessen. Auch die Achtertische im Restaurant, wie sie früher zur Philosophie echter Clubs gehörten – erst wenn jeder Platz besetzt ist, wird das Essen serviert – fördern die Kommunikation. An der Sprache wird diese ohnehin nicht scheitern: 95 Prozent der Gäste kommen aus dem deutschsprachigen Raum.

Und was tun Gäste im Breakers, die wie ich weder kiten noch tauchen? Dazu zählt immerhin jeder zweite Urlauber. »Sie entspannen total«, sagt Reichl. Entsprechend dem Motto des Hotels »Welcome home«.

[2017]

Hotel The Breakers

Einer der weltweit besten Kitespots

Das Lächeln am Abend

Wie meine Eitelkeit hart auf die Probe gestellt wird

Was hat die junge Frau nur für ein süßes Lächeln. Ich habe meine Recherchenarbeit für diesen Tag in Regensburg erledigt und sitze in einem der herrlichen Biergärten. Der Erfolg der Arbeit, die Abendsonne, das Lächeln von nebenan – ich fühle mich gut und bin zum Flirten aufgelegt.

Ich gebe zu, dass ich mich geschmeichelt fühle. Die junge Frau drei Tische weiter ist ausnehmend hübsch und hat ein Lächeln, das verzaubert. Und das schenkt sie mir immer wieder. Jedes Mal, wenn ich in ihre Richtung schaue, lächelt sie mich an.

Am selben Tisch sitzt noch eine Person, die ich aber nicht erkennen kann, weil sie von der lächelnden jungen Dame verdeckt wird. Es wird wohl nicht ihr Freund sein, denke ich, denn der wäre bei diesem einladenden Dauerlächeln schon längst eingeschritten…

Auf einmal steht die junge Frau auf, kommt an meinen Tisch, sagt »Hallo!«, lächelt wieder und legt mir einen Zettel hin. Wie mein Herz klopft! Ich falte den Zettel auseinander und lese: »Schöner Mann! Wenn Du noch mehr Lächeln haben willst, ruf diese Nummer an…«

Ich werde rot, und als ich aufschaue, ist die junge Dame verschwunden. Der Tisch drei Plätze weiter ist leer. »Schöner Mann« – das geht mir runter wie köstlicher Wein. Und das Lächeln! Ich fühle mich gut und geschmeichelt. Schließlich bin ich schon 68. Die junge Dame, die also weiter ihr Lächeln zu verschenken hat, schätze ich auf Mitte 30. »Was macht man mit einem Altersunterschied von über 30 Jahren?«, überlege ich. Weglächeln!

Mit Herzklopfen und gleichzeitig voller Stolz wähle ich die Handynummer auf dem Zettel. »Hallo« flötet die junge Dame. Wir verabreden uns für denselben Abend in einem anderen Biergarten. Als ich dort eintreffe, entdecke ich die junge Dame sofort. Sie ist nicht allein. »Wie schön, dass Du gekommen bist«, ruft sie mir zu. Und als ich – wieder klopfenden Herzens – den Tisch erreiche, lächelt die junge Dame herzerwärmend, um dann zu sagen: »Darf ich Dir meine Mutter vorstellen? Sie war zu feige, da habe ich für sie den Zettel geschrieben...«

[2009]

Denjenigen, die nun wissen wollen, wie es weitergegangen ist, noch diese Anmerkung: Drei- oder viermal haben wir Emails getauscht, dann ist die „Fernbeziehung" mit der Mutter eingeschlafen... Die lächelnde Tochter habe ich nie wieder gesehen.

Im Boot des Lebens

Hochzeit in der Glasbläserei

Harald Kjøller, Bürgermeister der Bornholmer Kommune Allinge-Gudhjem, ist ein pragmatischer Mann. Er soll Sabine und mich trauen, aber uns ist einer der Trauzeugen durch Krankheit abhanden gekommen. »Dann muss das einer von euch machen«, sagt er zu den Hochzeitsgästen, »wer von euch hat einen Ausweis dabei?« Harald hat, und so wird er neben Maibritt unser zweiter Trauzeuge.

Maibritt Jönnson besitzt mit ihrem Mann Pete Hunner die Glasbläserei Baltic Sea Class, zu der eine ehemalige Hühnerfarm einen Kilometer südlich von Kobbebro – an der Küste zwischen Gudhjem und Saltuna – umgestaltet wurde. Dort wird die Trauung vollzogen. Hinter dem Studio liegt ein Wiesengelände mit Blick zum Meer. Auf der Wiese ist ein Ruderboot gestrandet. »Lasst uns in das Boot steigen«, sagt der Bürgermeister, »das ist das Boot des Lebens…« Und so klettern wir zu fünft zur Hochzeitzeremonie in das Boot. Nein, wir sind ja zu sechst, denn Sabine hält unseren kleinen Sohn Bent auf dem Arm.

Bent, gerade ein Jahr alt, ist zwei Tage zuvor in der mittelalterlichen Nykirke getauft worden, eine der vier Rundkirchen auf der Insel. Zuerst hatte sich der Pfarrer Jesper Hornstrup gesträubt, als wir ihm unsere Bitte vortrugen: »Ich mache das nicht für Touristen.« Wir mussten ihn davon überzeugen, dass wir mit normalen Touristen nicht gleichzusetzen sind. Meine erste Bornholm-Reise liegt immerhin schon fast 30 Jahre zurück. Immer wieder kommen wir auf diese Insel, haben einen Reiseführer darüber geschrieben und lieben Bornholm mehr als jeden anderen Ort auf der Welt. Schließlich willigte der Pfarrer ein und musste nur noch von höchster Stelle in Kopenhagen die Genehmigung einholen. Denn wir gehören nicht der Dänischen Volkskirche an, deren Oberhaupt die dänische Königin ist. Als die Erlaubnis schließlich vorlag, konnte das Datum der Taufe und somit auch unser Hochzeitsdatum festgelegt werden.

TYSK SENSOMMER-ROMANTIK

Allinge-Gudhjem Kommunes borgmester må ofte i løbet af en sommer rykke ud for at foretage vielser de mest mystiske steder, og ikke sjældent er det turister, der har valgt kommunen som centrum for deres livs beslutning.

Forleden gav to tyskere hinanden deres ja på grænsværen udenfor glaspusteriet Baltic Sea Glass ved Gudhjem.

Det var Sabine Neumann og Horst Schwartz fra Berlin, der gav hinanden ord på »i medgang og modgang...«, og parret

havde nogle dage forinden fået deres fælles barn døbt i Nylars Kirke.

Årsagen til, at de har valgt Bornholm, er, at Horst Schwartz gennem den sidste halve snes år er kommet på Bornholm som redaktør for et tysk turistblad, der i øvrigt også reklamerer for Bornholm.

På billedet ses borgmester Harald Kjøller, ægteparrets forlover, ægteparret og glaspuster Maibritt Jönnson, der lagde glaspusteri til bryllupsfesten med de mange tyske bryllupsgæster. *pv*

Heute Abend werden wir die Hochzeit im Glasstudio von Pete und Maibritt feiern. Zahlreiche Freunde und Verwandte sind dazu angereist. Darunter sind auch elf kleine Kinder. Wird das gut gehen, das mit den elf wieselflinken Wichten inmitten lauter Glases? Pete zerstreut unsere Bedenken: »Es wird nichts passieren, wenn ihr Eltern die Kinder mit euren Ermahnungen in Ruhe lasst.«

[1993]

Der Sturz und die russische Seele

Wie mir ein Unfall die Augen öffnet

Der Schotterweg liegt zwar in 2.300 Meter Höhe, aber er ist harmlos. Der Sturz kommt aus heiterem Himmel. Patsch, liege ich da. Ich kann nicht mehr aufstehen und schreie vor Schmerzen. Das ist das Ende der Reise, denke ich. Doch es kommt ganz anders.

Ich erlebe eine Welle der Hilfsbereitschaft, die ich wohl nie mehr vergessen werde. Das Unglück passiert auf einer Reise nach Sotschi, wo Russland die Winterolympiade 2014 ausgerichtet hat. Wir, eine kleine Pressegruppe, sind gerade dabei, die Berge von Rosa Khutor zu erkunden, jenem eine Stunde von Sotschi entfernten Ort, vor dessen Haustür die alpinen Wettbewerbe durchgeführt wurden.

Drei moderne Kabinenseilbahnen bringen uns in einer halben Stunde hinauf zum Rosa Peek, der Aussichtsplattform auf 2.300 Meter Höhe. Was für ein Ausblick auf die Berge des Westkaukasus! Wenn ein Reiseführer schreibt, der weite Blick sei atemberaubend, ist das keineswegs übertrieben.

Doch danach, die Aussicht zu genießen, steht mir der Sinn nun wirklich nicht. Ich liege jammernd auf dem Panoramaweg, der uns in Richtung Kamenny Stolb, den mit 2.509 Metern höchsten Gipfel, führen sollte. Meine Mitreisenden reagieren, als hätten wir gemeinsam eine Notfallübung absolviert. Sie schieben mir eine weiche Unterlage unter den Kopf und spenden mir Schatten, denn es ist ein sehr heißer

Tag. Und sie machen ein Foto von mir. Ich mache gute Miene zum bösen Sturz und recke meine Hand zum Victoryzeichen.

Jelena, unsere Dolmetscherin, ruft Hilfe herbei, die sehr schnell kommt. Ein Rettungsbuggy bringt mich zur Bergstation der Seilbahnen, zwei Sanitäter schleppen mich regelrecht in die Kabine. Mein Bein schmerzt sehr, und sie versuchen, mich bei Laune zu halten. Einer der Sanitäter sieht aus wie ein Erschrecker in der Geisterbahn – mit kahlem Schädel, Narben im Gesicht und nur wenigen Zähnen im Unterkiefer. Jelena, die nicht von meiner Seite weicht, übersetzt seine Scherze.

»Der läuft heute keiner Frau mehr nach«

Zweimal müssen wir die Seilbahn wechseln, ehe ich in einen Krankenwagen umgeladen und ins nächste Krankenhaus gebracht werden kann, die Sanitäter und Jelena immer dabei. Geradezu herzlich ist die Behandlung im Krankenhaus und auch sehr professionell. Mein Bein wird per Ultraschall untersucht. Zum Glück ist nichts gebrochen.

Die Diagnose: ein großflächiger Muskelfaserriss im linken Oberschenkel. Das hebt nicht gerade meine Stimmung. Deshalb versuchen es die Sanitäter weiter mit guter Laune. »Der läuft heute keiner Frau mehr nach«, scherzt der Erschrecker, als er mir eine Beinschiene anlegt. Ich übe, auf zwei Krücken mühsam durch die Gänge des Krankenhauses zu humpeln.

Ob ich nach Hause fliegen wolle, werde ich vom Organisator der Reisegruppe gefragt. Ich lehne ab. »Prima!« lautet der Kommentar des Organisators. Und so erlebe ich bis zum Ende der Reise eine große Hilfsbereitschaft, und zwar eine Hilfsbereitschaft von der ganz selbstverständlichen Art. Geduldig bringen mir die Kollegen das Frühstück ins Zimmer, schleppen mich im Rollstuhl, den mir das Hotel geliehen hat, bei ihren Ausflügen mit. Wenn ich mit ihrem Tempo nicht mithalten kann, bleibt einer zurück, um mir zu helfen.

Im Hotel, im Restaurant, im Olympiapark von Sotschi, der absolut barrierefrei ist, auf den Flughäfen von Sotschi und Moskau kann ich mich mit meinem Rollstuhl problemlos bewegen. Und wenn ich mich mit den Gehhilfen humpelnd oder im Rollstuhl einem Restaurant nähere, springt schon jemand herbei und öffnet mir die Tür – dabei herzlich lächelnd und nicht mitleidig. Ein Mitarbeiter der Rezeption unseres Hotels in Rosa Khutor wird nicht müde, mich im Rollstuhl auf mein Zimmer zu bringen oder von dort abzuholen. Hundertfach wird mir ein Lächeln, ein gutes Wort oder eine nette Geste geschenkt.

Ich schäme mich ein wenig wegen meiner Vorurteile, die ich vor der Reise hatte. Ich hatte befürchtet, auf der Reise lauter Putins mit versteinertem Gesicht zu treffen. Um es kurz zu machen: Mir war nicht bewusst, was für ein warmherziges Volk die Russen sind und wie sie aufeinander achten. »Das ist die russische Seele!« lacht Jelena.

[2017]

Wenn es riecht auf dem Kreuzfahrtschiff

Spürnase Henrik an Bord der AIDAmar

Mein Enkel Henrik hatte sich alles gut überlegt. »Opa, ich möchte mit dir eine Kreuzfahrt machen«, sagt der Elfjährige. Meine Antwort, dass ich dafür kein Geld übrig habe, schmettert er ab: »Wir lassen uns auf eine Testreise einladen«, sagt er. Eine Testreise? »Ja, ich will mal testen, was so eine AIDA uns Kindern bietet...«

Gesagt, getan. Aufträge einer Tageszeitung und einer Fachzeitschrift eingeholt, den Plan der AIDA-Pressestelle vorgelegt, die entsprechende Einladung erhalten. Am liebsten wäre Henrik mit mir zwei Wochen durch die Karibik gekreuzt. Aber aus Vernunftgründen bleibt es bei einer siebentägigen Metropolenfahrt durch die Nordsee von Hamburg nach Hamburg, dies in den Oster-Schulferien und auf der AIDAmar.

Henrik ist in seinem Element. Mit meinem Diktiergerät läuft er durch die Gänge und stellt an einer Stelle fest: »Hier riecht es nach Kacke!« Der unangenehme Geruch ist mal stärker mal schwächer, nach meinen laienhaften Vorstellungen kommt er von Brauchwasser, das zur Toilettenspülung benutzt wird. Dazu müssen wir noch Genaueres erfragen.

Zum Auftakt seiner Testerei macht Henrik eine großartige Erfahrung: Seine Neugierde wird zu keiner Zeit gebremst, im Gegenteil: Alle Besatzungsmitglieder geben in

Riecht...

bester Laune Auskunft. Kaum zu glauben: Es ist Ferienzeit, und deshalb sind 750 (in Worten: siebenhundertundfünfzig) Kinder an Bord, die meisten in Begleitung ihrer Großeltern. Alles läuft erstaunlich friedlich ab – und erstaunlich leise. Die Stimmung überträgt sich auf die Erwachsenen. Wir stellen fest, dass sich das Personal auf Kinder perfekt einstellt. Zum Frühstück klatscht sich die Bedienung in den Restaurants mit dem Gästenachwuchs ab.

Das Essen findet Henrik »sehr, sehr lecker« und die Bedienung »richtig gut«. Henrik ermahnt sie, ihm ja keine Kinderportion zu bringen. Jeden Tag vergnügt sich der junge Mann im Kids Club, den es für verschiedene Altersstufen gibt. Sein Kommentar: »Die Betreuerinnen behandeln uns nicht wie kleine Kinder, das finde ich cool.«

Beanstandungen pingelig notiert

Aber der junge Tester hat auch ein paar Beanstandungen, die er akribisch, geradezu pingelig notiert. »Außerhalb des Kids Clubs gibt es für uns Größere recht wenig, keine Kletterwand, kein Trampolin, und in den Fitnessbereich darf man erst mit 16.« Auch zum Thema Sicherheit gibt es Kritik: »Die Gurte unserer Schwimmwesten sind total verheddert«, und die Anwesenheitskontrolle der Passagiere an den Rettungsstationen bei der Sicherheitsprüfung ist so langwierig, dass wir uns nicht vorstellen können, wie dies im Ernstfall funktionieren soll.

Und der teure Ausflug nach London ist ein Reinfall: »Der Bus fuhr mit einer halben Stunde Verspätung ab, die Fahrzeit von Southampton nach und durch London war viel zu lange wegen des Verkehrs, die Zeit im Tower dafür viel zu kurz.« Wir müssen uns entscheiden: Kronjuwelen ansehen (wo eine lange Schlange steht) oder kurzes Mittagessen. Wir ziehen Fish & Chips den Juwelen vor, müssen dafür aber ein Vermögen blechen.

Am letzten Reisetag erleben wir wieder Versöhnliches. Der Generalmanager, Herr über alle Mitarbeiter auf dem Schiff außer der nautischen Mannschaft, führt uns stundenlang durch den Bauch des Schiffes und beantwortet geduldig alle 64 Fragen, die Henrik sich auf einem Zettel notiert hat – Fragen nach den Baukosten (385 Millionen Euro) und der Höchstgeschwindigkeit (21,8 Knoten=40 km/h), nach der Zahl der Kabinen (1.097), der Passagiere (2.686) und der Besatzung (611)...

Wieder daheim haben wir unsere Notizen ausgearbeitet und sitzen jetzt daran, sie Mosaiksteinchen für Mosaiksteinchen zu Zeitungsberichten zusammenzufügen.

»Das mit der Kacke können wir aber nicht schreiben«, mahnt mich Henrik.

»Wieso nicht, das haben wir doch so erlebt!«

»Ja, Opa, das stimmt, aber wenn wir das schreiben, werden wir nicht mehr eingeladen. «

[2015]

Alles, was rund ist

Mit dem fahrrad-vernarrten Christian auf Kreta

Wehmütig schaut Christian dem Mädchen nach. Aber es ist weniger die Maid, nach der ihm verlangt, als ihr Fahrrad. Viel lieber als mit dem Mietwagen würde mein Freund mit dem Fahrrad die Insel Kreta erkunden. Und das bei gefühlten 40 Grad.

Christian hilft mir, meinen »Kreta«-Reiseführer von DuMont zu aktualisieren. Als Vorbereitung auf die Recherchentour habe ich in mühseliger Kleinarbeit die Kapitel zerschnitten, nach Stichpunkten und Orten sortiert und auf Karteikarten geklebt. Der jeweilige Beifahrer – Christian und ich wechseln uns beim Fahren ab – muss sich mit der Karteikarten-Box im Fond abquälen.

Heute steht unter anderem die Melidoni-Höhle auf dem Recherchenprogramm. In weiten Serpentinen führt eine ziemlich steile Straße aus dem Tal hinauf zur Höhle. Und wen treffen wir dort? Die junge Dame mit dem Fahrrad. Sie komme aus der Schweiz, verrät sie uns. Fit ist sie offensichtlich, hübsch, schlagfertig und lustig. Wir kommen ins Gespräch.

Christian ist jungen Damen durchaus zugetan. Aber ich habe den Verdacht, dass er dabei eine Bedingung stellt: Die Dame muss (fast) so fahrradversessen sein wie er. Denn das ist er in der Tat. Ich habe noch nie einen Menschen kennen gelernt – außer den 7-Tage-Profis natürlich –, der einen solch ausgeprägten Fahrrad-Tick hat wie Christian. Und es ist leicht, ihn auf dieses Thema zu bringen. Wenn irgendetwas rund ist, was ins Blickfeld gerät – ein Sonnenuntergang, ein Autorad, eine Kirchenkuppel –, ist Christian bei seinem Lieblingsthema. Ich vermute, er hortet zu Hause ein halbes Dutzend Drahtesel.

Und jetzt die holde Schweizerin. Nein, Christian fragt nicht nach ihrem Namen oder nach ihrer Telefonnummer. Sondern er vergewissert sich, dass sie ein Rad der Marke »Treck« fährt. Und beide diskutieren darüber, wie herrlich es sei, mit dem Rad Kreta zu durchqueren (bei 40 Grad). Bald ist das Gespräch zu Ende. Und die sportliche Dame düst die Serpentinen hinab. Christian schaut ihr nach, wehmütig...

Anderntags lässt er den Verdacht aufkommen, dass es für ihn in der Tat besser wäre, die Insel mit ihren großen Entfernungen, den vielen Hügeln und Bergen mit dem Fahrrad statt mit dem Mietwagen zu erkunden. Rasant geht Christian mit dem Auto, einem Hyundai, Typ Athos (passend!) in die Kurve. Der Wagen hebt mit einem Rad ab, nein: mit zwei Rädern. Und kippt und kippt und kippt. Um sich dann plötzlich wieder auf seine vier Räder zu stellen und mit seinen zutiefst erschrockenen Passagieren weiterzurollen.

»Das war der Schwerpunkt!« erklärt Christian. Der Wagen ist auffallend hoch gebaut und hat deshalb einen höher liegenden Schwerpunkt als andere Autos. Ich nehme ihm diese Erklärung nicht ab. Sondern ich habe den Verdacht, dass er gerade davon geträumt hat, wie er mit dem Rad durch diese Kurve pest.

[1998]

Herr Ngo schreibt keine Liebesbriefe mehr

Saigons Stadtschreiber wird häufig übersehen

Duong Van Ngo ist pflichtbewusst. Er ist 86 Jahre alt. Und immer noch kommt er wie schon seit Jahrzehnten Tag für Tag ins Hauptpostamt von Ho-Chi-Minh Stadt, dem einstigen Saigon, um gewissenhaft seine Arbeit zu verrichten. Herr Ngo ist der letzte offizielle Schreiber in der Stadt.

Seine Arbeitsstelle ist so prächtig, dass der alte, schmächtig wirkende Schreiber von den meisten Touristen übersehen wird. Hauptpostamt, wie uninspirierend das klingt. Aber die Zentralpost von Saigon erinnert an eine Basilika, mit mächtigem Hauptschiff und zwei niedrigen Seitenschiffen mit den vielen Postschaltern. Dort arbeiten die Bediensteten der Post – mehr in der Zahl, erheblich freundlicher und länger (bis 22 Uhr), als man es in deutschen Postämtern heute erwarten darf.

Das Hauptpostamt, das original belassen und nur unwesentlich restauriert ist, wurde während der französischen Kolonialzeit erbaut, zwischen 1886 und 1891. Mehrere Blogger, die offensichtlich voneinander abschreiben, behaupten, dass Gustave Eiffel (der mit dem Eiffel-Turm in Paris) den Bau entworfen habe. Das stimmt nicht. Von Eiffel stammt lediglich – aber immerhin! – die Stahlkonstruktion des Hauptschiffs.

Besucher können sich kaum sattsehen an der prächtigen Innenausstattung. Der Kachelfußboden, die Telefonzellen, die hölzernen Bänke, die Säulchen zwischen den Countern, die riesigen Zeichnungen historischer Landkarten – das alles versetzt Besucher in eine andere, ferne Zeit.

Aus dieser fernen Zeit scheint Duong Van Ngo nicht nur entsprungen zu sein – aus dieser Zeit stammt er. Wie viele Herrscher hat er schon kommen und (unter-)gehen sehen! Wie viele Geschäftsbriefe hat er geschrieben, wie viele Liebesbriefe… Er hat sie nicht gezählt, ja auch nicht zählen können.

Heute, so sagt Herr Ngo, müsse er häufiger Umschläge als Briefe schreiben, Aufträge für Liebesbriefe erhält er schon lange nicht mehr. Die Handbücher und Lexika, die auf seinem Pult stehen, sehen arg abgenutzt aus. Ja, sagt Herr Ngo, ich dürfe ihn fotografieren. Nein, in die Kamera schaut er nicht. Ich verabschiede mich. Mir ist ein wenig wehmütig zumute.

[2016]

Augen nur geradeaus!

Originelles Bahnhofsklo mit delikaten Motiven

Als der britische Maler Stephan McKenna kein Geld mehr hatte, um Kost und Logis im »Künstlerbahnhof« Rolandseck zu bezahlen, griff er zum Pinsel. Und er bemalte die Damen- und Herrentoilette des Bahnhofs in anheimelndem Rot und mit bunten, köstlichen Bildern, die allesamt ein wenig naiv wirken. Ein paar leicht frivole Motive sind auch dabei, z.B. eine nackte Liegende direkt neben dem Pissoir.

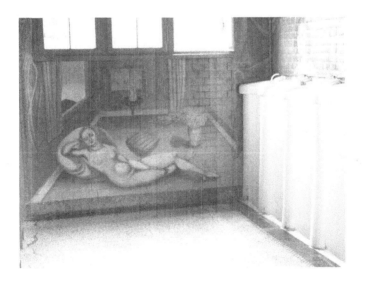

So empfiehlt es sich also bei männlichen Toilettenbesuchern, beim Stehpinkeln die Augen strikt geradeaus zu halten, um ein Malheur zu vermeiden. Auch wer nicht »muss«, sollte sich die Toiletten ansehen. Denn der Bahnhof Rolandseck, an dem immer noch Züge halten, besitzt seit 1972 die schönsten, zumindest die originellsten Bahnhofstoiletten der Welt.

Der Bahnhof in Remagen am Rhein selbst ist ein Prunkstück klassizistischer Bahnhofsarchitektur und wurde 1855 für die Bonn-Cöllner Eisenbahn-Gesellschaft eröffnet. Das zweistöckige, über dem Rhein liegende Gebäude passt sich der mit Villen bestückten Rheinlandschaft an. Für einen Zweckbau ist der Bahnhof auffallend elegant, mit prächtigen Stuckdecken, Lüstern und reich verzierten gusseisernen Säulen. In Rolandseck stiegen die aus Köln angereisten hochgestellten Herrschaften auf Rheindampfer um – und feierten im Festsaal des Bahnhofs rauschende Feste. Illustre Namen standen auf der Gästeliste, Otto von Bismarck beispielsweise, die Gebrüder Grimm, Friedrich Nietzsche, Johannes Brahms, Clara Schumann und Bernhard Shaw.

Vier Klassen für Reisende

Es gab für die Reisenden immerhin vier Klassen und vier unterschiedlich großzügig ausgestattete Wartebereiche. Die eleganteren für die erste und zweite Klasse lagen im ersten Geschoss. Hier warteten schon Königin Victoria von England und Kaiser Wilhelm II. auf den Zug. Der kam damals wahrscheinlich pünktlicher als heute.

Nach dem Zweiten Weltkrieg wollte die Bundesbahn das heruntergekommene Gebäude abreißen und durch einen kleineren Bahnhof ersetzen. Das rief 1964 kurz vor dem Abrisstermin den Kunstsammler und Galeristen Johannes Wasmuth auf den Plan, der mit dem Klaviervirtuosen Stefan Askenase und Yaltah Menuhin, Pianistin und Schwester des berühmten Geigers Yehudi Menuhin, die Gesellschaft „arts and music" gründete.

Der Name war Programm: Der Bahnhof wurde zum Künstlerbahnhof, in dem Künstler aller nur denkbaren Sparten lebten und arbeiteten: Maler – unter anderem unser Toilettenmaler – und Bildhauer, Komponisten und Musiker, Dichter, Denker und Filmemacher. Unter anderem gehörten Oskar Kokoschka, Günther Uecker, Martin Walser, Gerhard Zwerenz und Marcel Marceau zu den Künstlern, die hier ein- und ausgingen.

Marcel Marceau schrieb 1969 das Manifest von Rolandseck, in dem er die Kunstwelt um Unterstützung bat: »Wir bitten Euch um Eure Hilfe, damit Rolandseck bestehen bleibt und uns alle aufnehmen kann.« Und: »Der Bahnhof Rolandseck wird das Theater sein, in dem sich alle Künste vereinen, um das Wunderbare zu schaffen.«

Meiers schneeweißer Erweiterungsbau

Nach dem Tod des Spiritus Rector Johannes Wasmuth 1997 ruhte der Kunstbetrieb, aber nicht lange. Schon seit 2000 ist der Bahnhof das Arp Museum Bahnhof Rolandseck. Zur ständigen Ausstellung gehören die formschönen, glatten, kantenlosen, abstrakten Plastiken des deutsch-französischen Bildhauers Hans (Jean) Arp (1886 bis 1966). Eine kleinere Fläche ist Werken seiner Frau Sophie Taeubner-Arp gewidmet, Zeichnungen, Gouachen, Bilder und Holz-Reliefs.

Die Schweizer Künstlerin (1889 bis 1943) war ein Multitalent, nämlich Malerin, Bildhauerin, Textilkünstlerin und Ausdruckstänzerin.

2007 wurde ein schneeweißer Erweiterungsbau höher am Berg und jenseits der Bahngleise eröffnet. Architekt ist der US-Amerikaner Richard Meier, dessen weiße Gebilde u.a. in Frankfurt (Museum für angewandte Kunst) stehen, in Barcelona (Museum für zeitgenössische Kunst) und Ulm (Stadthaus). »Schönheit gebaut aus Licht« beschreibt der Hauskatalog das Gebäude. Die Ausstellungshallen sind groß, das lichte Treppenhaus ist Teil des Gesamtkunstwerks, die Balkone sind es auch. Immer wieder öffnen sich herrliche Ausblicke – auf den Nachbarsaal, auf die grüne Umwelt, auf das unten liegende Bahnhofsgebäude, auf den Rhein und auf das Siebengebirge.

Was für ein Namedropping! Unter all den Berühmtheiten rund um den Künstlerbahnhof Rolandseck sollten wir Stephan McKenna nicht vergessen. Er gehört in das Guinness Buch der Rekorde – als Schöpfer des schönsten, zumindest aber originellsten Bahnhofsklos der Welt.

[2012]

Lauter Süßes

Fröhliche Frauen-Kooperative »Apolloniatisses«

Maria ist stolz auf ihren Job. Sie ist eine von neun Frauen der Kooperative »Apolloniatisses« im Gebirgsdorf Apollona auf Rhodos. Die kleine Manufaktur, Ziel vieler Ausflüge mit Bus oder Mietwagen, produziert lokale Köstlichkeiten: feinstes Olivenöl, süßen Gelee, Orangenlikör.

Auch andere kulinarische Souvenirs wandern in dem kleinen Laden über die Theke: die traditionellen Sesam-Honig-Rauten Melecouni, Landbrot, traditionelle Teigwaren und Bergkräuter. Es herrscht eine fröhliche Stimmung im Manufakturladen. Die Frauen verstehen sich gut, lachen viel und riskieren auch ab und zu mal einen klitzekleinen Flirt mit einem Kunden.

Schon lange vor der Finanz- und Staatskrise in Griechenland hat die Gruppe von Frauen ihr berufliches Schicksal selbst in die Hand genommen. Als die Genossenschaft 2005 gegründet wurde, machten 40 Frauen mit. Im Laufe der Jahre hat sich die Zahl erheblich reduziert. Mitglieder der Kooperative können nur Frauen sein, die aus dem Ort stammen.

Zum Start gab es aus EU-Kassen einen Zuschuss von 16.000 Euro. »Aber zur Einrichtung des Ladens mussten wir auch viel eigenes Geld investieren«, sagt Maria, »am Anfang haben wir nichts verdient«. Jede Frau arbeitet im Schnitt 120 Stunden im Monat und erhält dafür 600 Euro. Mit dem Stundenlohn von fünf Euro sind die neun zufrieden.

Es läuft gut mit der Kooperative. Sie hat sogar einen Filialladen im Stadtteil Analipsi von Rhodos-Stadt gegründet. Auch ein anderes Problem hat sich mittlerweile gelöst, das den Frauen am Anfang schwer zu schaffen machte. Maria: »Als wir anfingen, hatten wir große Probleme mit unseren Männern, denn wir waren ihnen zu viel aus dem Haus«. Aber längst haben sich die Männer daran gewöhnt, dass ihre Frauen selbstständig und selbstbewusst sind. Einige sind wohl auch stolz auf ihre Frauen. Und die Einnahmen kann die Haushaltskasse gut gebrauchen.

[2015]

Der Sammler

Er sammelt Füller, Teppiche – und ein Schloss

Zbigniew Czmuda sammelt alles, was ihm in die Finger kommt: alte Bleistifte und kostbare Füllfederhalter, einen Dreschflegel und andere landwirtschaftliche Geräte, Korken von Weinflaschen und Teppiche. Und er zeigt das mit fast kindlichem Stolz auch gerne her.

»Schau mal!« sagt er und zeigt auf eine Wand mit ungezählten Stichen und Zeichnungen, alle gleich gerahmt. »Für Dich!« sagt er, nimmt eine Aquarellzeichnung des Dörfchens Wiechlice von der Wand und schenkt sie mir.

Wiechlice (Wichelsdorf) liegt in Westpolen, gut zwei Bahn- oder Autostunden von Berlin entfernt. Von 1871 bis zum Ende des Zweiten Weltkrieges gehörte das Dorf zu Deutschland, seitdem ist es polnisch. 1795 wurde dort ein stattliches Schloss gebaut, das nach dem Krieg verfiel.

Zbigniew Czmuda und seine Frau Joana haben das Haupthaus im Barockstil und zehn Nebengebäude, allesamt Ruinen, vor fünf Jahren gekauft und seit 2009 renoviert und aus- und umgebaut. Dabei schaute ihm der Denkmalschutz immer über die Schulter, und das streng – »aber ich habe keinen Cent Unterstützung bekommen«, sagt Czmuda.

Mit Hochdruck wird an der Fertigstellung einer Konferenz- und Eventhalle gearbeitet. Sie wird bis zu 250 Konferenzteilnehmer fassen und mit Spitzentechnik ausgestattet sein. Gleichzeitig entsteht auf dem Schlossgelände in einem historischen Gebäude ein Schwimmbad mit breitem Wellnessangebot.

Der Sammler Zbigniew Czmuda hat ein Händchen dafür, wertvolle Ausstattungsstücke auf Auktionen, z.B. nach dem Konkurs eines Unternehmens, preiswert zu erwerben – edles Geschirr beispielsweise oder die Ausstattung des Wellnessbereichs mit Geräten vom Feinsten. Um derartige Schnäppchen zu machen, ist der Hotelier viel unterwegs, dies mit seinem Geländewagen der Marke Hummer, den er ebenfalls unfassbar preiswert erworben hat.

Nur sechs Zimmer liegen im Haupthaus, 28 weitere in einem Seitengebäude. Mein Zimmer hat die Ausmaße eines mittleren Tanzsaales. Dass dort ein riesiger Fernseher steht, ist ja nichts Besonderes, aber dass im Bad ein zweiter hängt, schon. 200 Teppiche, feine, kostbare orientalische Teppiche, liegen im Haupthaus.

Größte Attraktion des Schlosshotels ist der Schlossherr selbst. Er ist, um den altmodischen Ausdruck zu gebrauchen, ein Tausendsassa. Auch das Wort vom Selfmademan würde auf ihn passen. Zbigniew Czmuda hat »schon alles gemacht«. In Amerika hat er beispielsweise Staubsauger verkauft, ohne Englisch zu sprechen. Deutsch spricht er fließend. Er ist ein fleißiger Mann, freundlich und herzlich. Jetzt sammelt er Gäste.

[2013]

1795 erbaut, im Zweiten Weltkrieg verfallen, jetzt perfekt restauriert: das Haupthaus von Schloss Wiechlice

Ja, wo ist denn der kleine Beo?

Von links angequatscht im Aachener Tierpark

Sabine und ich sind mit dem Chef des kleinen, aber feinen Aachener Tierparks zum Interview verabredet. Das Kassenhäuschen ist unbesetzt. Also gehen wir in den Park, um unseren Gesprächspartner zu suchen. »Ticket bitte!« heißt es da plötzlich, »Ticket bitte!« Die Stimme kommt von links hinter uns. Auf dem Absatz drehen wir uns um und sehen – niemanden.

»Das waren wieder unsere beiden Beos«, lacht der Zoochef, als wir ihm von diesem Vorfall erzählen. Beos? »Ist das eine Papageienart?«

»Nein, die gehören zur Familie der Stare und sind äußerst sprachbegabt. Kommen Sie mit, ich zeige ihnen etwas.« Als wir uns einer Voliere am Eingang zum Tierpark nähern, hüpfen dort zwei relativ kleine schwarze Vögel mit gelben Schnäbeln aufgeregt hin und her.

»Ja, wo ist denn der kleine Beo?« fragt der Zoochef im typisch Aachener Singsang. Und prompt kommt die Antwort »Ja, wo ist denn der kleine Beo?« aus der Voliere, auch sie im typischen Singsang und täuschend echt, so als hätte der Zoodirektor seine Frage selbst wiederholt. Und so geht es hin und her.

»Ja, wo ist denn der kleine Beo?« aus dem Mund des Zoochefs, »Ja, wo ist denn der kleine Beo?« aus den Schnäbeln der Beos. Ich mache Tonbandaufnahmen für die Tiersendung des Senders Freies Berlin, an der ich mitwirke. Ich werde Mensch und Vögel so hinter- und durcheinander schneiden, dass niemand weiß, wer denn da spricht.

Wir amüsieren uns köstlich »Wo haben Sie denn die schrägen Vögel her?« frage ich und muss dabei so lachen, dass ich die Frage kaum formulieren kann, »haben Sie die selbst dressiert?«

»Nein, und von Dressieren kann keine Rede sein. Die Beos lernen schnell nachzusprechen, wenn sie irgendetwas hören. Ich habe die Vögel von einer alten Dame, die sich von ihnen trennen musste.«

»Wieso denn das?«

»Weil ihre zwei Neffen den Tieren immer wieder vorgesagt hatten, wenn Besuch kam zu rufen: f… mich.«

[1992]

Überwintern in Zeiten der Revolution

83-Jährige sperrt sich gegen die Evakuierung

Drei Kamele warten mit ihrem Treiber am Strand auf Touristen. Doch die sind rar in den Wochen nach der Jasmin-Revolution in Tunesien. Der Strand des Hotels Radisson auf Djerba ist menschenleer. Nur Renate und ihre Freundin liegen in der Sonne, die schon kräftig ist. Die 83-Jährige ist seit mehreren Monaten auf der Insel, wie schon in den letzten 30 Jahren.

»Nur dieses Jahr ist es anders als sonst«, sagt sie. Damit meint sie beileibe nicht die Revolution, sondern die traurige Tatsache, dass diesmal ihr Mann beim Überwintern nicht dabei ist. Er ist vergangenes Jahr gestorben. Von den unruhigen Tagen im Januar, in denen das Land die 23-jährige Diktatur abschüttelte, hat Renate nichts mitbekommen. Während in einigen Ferienorten auf dem Festland Schüsse zu hören waren und sich die Einheimischen zu knüppelbewaffneten Bürgerwehren zusammenschlossen, um Hab und Gut und auch Hotels vor marodierenden Banden zu schützen, blieb es auf Djerba ruhig.

Als ihr Reiseveranstalter den Reisevertrag kündigte, schimpfte die temperamentvolle Hannoveranerin wie ein Rohrspatz, weigerte sich, an der hektischen Evakuierungsaktion teilzunehmen (»Die Leute hatten kaum Zeit zu packen!«) – und setzte ihr Überwintern seelenruhig fort. Von

nun an musste sie Hotel und Verpflegung noch einmal bezahlen. »Aber ich bekomme ja einen Batzen vom Veranstalter zurück«, hofft sie. Immerhin hat der Hotelier ihr die
Treue gedankt, indem er ihr eine Verlängerungswoche
schenkte. »Zu Hause muss ich Tabletten nehmen, hier geht
es mir gut«, sagt die Sonnenanbeterin, »und hier sind die
Menschen so freundlich, wie man es von zu Hause gar nicht
kennt.«

Gerade haben wieder alle Hotels auf der Insel aufge-
macht. Lediglich 29 der 159 Häuser der Region Djerba-Zar-
zis ließen den Betrieb trotz der Revolution weiterlaufen, nur
spärlich gefüllt von 1.600 Gästen. Die meisten von ihnen waren Franzosen. Kaum ein deutscher Gast widersetzte sich
wie Renate dem »Evakuierungsbefehl« seines Veranstalters.

Keiner der 20.000 Hotelbediensteten auf der Insel hat im Zuge der Revolution seinen Job verloren. Darauf ist der Präsident der Hotelvereinigung von Djerba und Zarzis und Besitzer von acht Hotels sehr stolz. Auch er ist überzeugt davon, dass seine Insel bald wieder durchstartet und die Besucherzahlen der Jahre vor der Revolution erreicht.

Auf die Frage, was er und seine Kollegen machen werden, wenn der erhoffte Aufschwung nicht kommt, bleibt er die Antwort schuldig. Stattdessen entringt sich ein tiefer Seufzer seiner Brust. Von den Stammgästen wie Renate allein kann die Insel nicht leben. Aber die alte, so jung gebliebene Dame wird ihr die Treue halten. Sie weiß schon jetzt, dass sie im kommenden November wieder die Koffer packt, um wie ein Zugvogel nach Djerba zu fliegen.

[2011]

Der Autor in den 1980-er Jahren bei Rundfunkaufnahmen für den Sender Freies Berlin (SFB) in Griechenland

Der Biss des Klippschliefers

Begegnung im Mount-Kenya-Nationalpark

Besteht für mich Lebensgefahr? Ich bin gerade von einem Klippschliefer gebissen worden. Die Wunde ist nicht groß und tut auch kaum weh. Aber in meinem Reiseführer steht, die Klippschliefer-Populationen in Kenia seien allesamt Tollwutüberträger. Nach einem Biss müsse man sofort ein Krankenhaus aufsuchen, um sich behandeln zu lassen.

Was tun? Ich bin – als Journalist unerkannt – mit einer kleinen Reisegruppe im Mount-Kenya-Nationalpark unterwegs. Der Reiseleiter bemüht sich sehr, uns die Tour so spannend und abwechslungsreich wie möglich zu machen. So wundern wir uns kaum, als er in einem Geröllfeld ein Bündel Bananen hervorholt und uns rät, die Kameras bereitzuhalten.

Wie auf Befehl erscheint zwischen den Felsbrocken eine Horde seltsamer Tiere. Sie sehen irgendwie aus wie Murmeltiere oder eher wie kaninchengroße Meerschweinchen. »Das sind Klippschliefer«, erklärt der Reiseleiter, »sie sind stammesgeschichtlich mit Elefanten verwandt.« Noch während wir unsere Blicke staunend zwischen Reiseleiter und diesen seltsamen Tieren pendeln lassen, fressen diese blitzschnell die vom Reiseleiter hingehaltenen Bananen.

Die Klippschliefer verschwinden so schnell wie sie gekommen sind. Und die Touristen-Gruppe marschiert weiter. Ich aber bleibe zurück, weil ich keinen Film in der Kamera hatte. Fotos der Klippschliefer wollte ich doch unbedingt meinen Kindern zu Hause zeigen. Also lege ich schnell einen Diafilm ein. Aber ich habe keine Bananen. Deshalb tue ich so, als hätte ich welche und halte meine Hand wedelnd über ein paar Steinbrocken. Und, zack, schnellt ein Klippschliefer empor und beißt mir in die Hand. Ich glaube, er ist sehr enttäuscht, dass er keine Banane ergattert hat.

Was ich im Reiseführer über Klippschliefer lese – Tollwut! –, macht mir Sorgen. Bis zu einem Krankenhaus ist es mit Sicherheit mehrere Hundert Kilometer weit und in der empfohlenen Vier-Stunden-Frist kaum zu schaffen. Außerdem müsste ich der Gruppe reinen Wein einschenken, damit das Programm für die rasante Fahrt ins Krankenhaus geändert werden könnte.

Ich grübele. Und komme zu dem Entschluss, dass es wohl sehr unwahrscheinlich ist, dass alle Klippschliefer Kenias an Tollwut leiden. Typische Übertreibung eines Reiseführer-Autors, denke ich. Ich wickle ein Taschentuch um die Wunde und schließe mich der Gruppe wieder an – ohne einen Ton von meiner persönlichen Begegnung mit einem Klippschliefer zu verraten.

[1979]

Vom Partisan zum Friedhofswärter

George Psychoundakis überrascht immer wieder

Zu meinem ersten Besuch des Soldatenfriedhofs von Maleme auf Kreta bin ich mit einem der beiden Friedhofswärter verabredet. Er heißt George Psychoundakis, ist ein etwas rundlicher, nicht sehr großer Mann mit kahlem Schädel, dichten schwarzen Augenbrauen und einem wissenden, gewinnenden Lächeln. Nicht ohne Stolz, als wäre es seine Liegenschaft, führt mich der 63-Jährige über das riesige Friedhofsgelände.

Den Weg dahin weist schon von Weitem ein acht Meter hohes schmiedeeisernes Kreuz. Mit der erst 1974 eingeweihten Anlage hat sich der Volksbund Deutsche Kriegsgräberfürsorge größte Mühe gegeben. 4.465 deutsche Soldaten sind hier begraben, von Abele, Ludwig (geboren am 25. August 1918, gefallen am 20. Mai 1941) bis Zwillingen, Hans (geboren am 15. September 1914, gestorben am 20. Mai 1941). Die meisten verloren an ein und demselben Tag ihr Leben, am 20. Mai 1941, dem Beginn der deutschen Invasion auf Kreta.

1960 hatte sich der Rettungsdienst des Volksbundes daran gemacht, die Gebeine der gefallenen deutschen Soldaten aus verstreuten Feldgräbern in das Kloster Gonia überzuführen, das nicht weit von Maleme entfernt ist. Der Abt hatte sich bereit erklärt, die Gebeine der Gefallenen solange im Kloster zu lagern, bis sie auf dem neuen Soldatenfriedhof endgültig beigesetzt werden konnten. Das war wieder eine so typisch griechische Geste: dem Feind von einst heute die

Hand zu reichen. Denn das Kloster hatte als eines der Widerstandszentren unter der deutschen Besatzung sehr gelitten. Nicht nur, dass die Soldaten in der Klosterkirche wüteten und kostbare Teile der Innenausstattung zerstörten, sondern sie warfen auch die Mönche ins Gefängnis. Elf Jahre später begann die Umbettung nach Maleme.

4.465 deutsche Soldaten sind auf dem Friedhof begraben

Beim Überfall auf Kreta, der größten Luftlandeoperation des Zweiten Weltkriegs, waren über 10.000 deutsche Fallschirmjäger und fast 14.000 Gebirgsjäger im Einsatz. Ihnen standen über 32.000 neuseeländische, australische und britische Gegner gegenüber, dazu kamen 10.000 griechische Soldaten unter britischer Führung. Dennoch gewannen die Deutschen die Schlacht um Kreta und bescherten der Insel drei harte Besatzungsjahre.

Die kretischen Partisanen schonten keinen deutschen Soldaten, den sie in einen Hinterhalt locken konnten. Mit Billigung Görings befahl General Student, Oberbefehlshaber der deutschen Fallschirmjäger, Vergeltung für jede Gräueltat, für die ihm konkrete Beweise vorgelegt wurden. Dies sollte ausdrücklich unter Ausschaltung kriegsgerichtlicher Verfahren geschehen.

So ist in einem Befehl vom 31. Mai 1941 von »Erschießungen« und »Kontributionen« als Vergeltungsmaßnahmen die Rede, auch vom »Niederbrennen von Ortschaften« und der »Ausrottung der männlichen Bevölkerung ganzer Gebiete«.

Anogia wurde vernichtet

Mit dieser Härte antworteten die Deutschen auch auf die Entführung eines deutschen Generals namens Kreipe durch britische Geheimdienstleute und griechische Widerstandskämpfer, indem sie das Dorf Anogia vernichteten. Ob damals wirklich alle Männer, die im Dorf und im Umkreis von einem Kilometer angetroffen wurden, erschossen worden sind, ist heute umstritten. Aber Tatsache ist, dass insgesamt während der deutschen Besatzung 117 Dorfbewohner getötet wurden und dass nach der Vergeltungsaktion in Anogia kein Stein mehr auf dem anderen stand. Nach dem Krieg ist das Dorf mit US-Hilfe wieder aufgebaut worden.

Auch George Psychoundakis gehörte zu den Partisanen und hielt als Melder oft unter unmenschlicher Anstrengung Verbindung unter den einzelnen Gruppen. Über seine Zeit als Widerstandskämpfer und die grausamen Besatzungsjahre hat er ein Buch geschrieben. Ins Englische übersetzt hat das ausgerechnet der britische Geheimdienst-Chef Patrick Leigh Fermor, der die Entführung des Generals Kreipe organisiert hatte. Das spannende Buch heißt »The Cretan Runner«, wurde in London verlegt und wird auch auf Kreta verkauft. Fermor und Psychoundakis sind enge Freunde.

Gut Freund ist George Psychoundakis auch mit seinen ehemaligen Gegnern, den Deutschen. Er pflegt deren Gräber – was für eine Geste! An den Gräbern der Gefallenen hat er oft ehemalige Feinde getroffen, aus den Begegnungen sind langjährige (Brief-)Freundschaften erwachsen. Und sein Sohn absolviert in Berlin eine Lehre.

George übersetzt Homer

Wenn George Psychoundakis müde von der Arbeit auf dem Soldatenfriedhof in sein Reihenhaus in Tavroniti heimkehrt, ist noch lange nicht Feierabend. Er übersetzt die »Ilias«, Homers Opus vom Trojanischen Krieg, in seinen kretischen Heimatdialekt. Einziges Hilfsmittel ist ein altes homerisches Lexikon, das in Leipzig geschrieben und 1934 in Athen gedruckt wurde.

Seine Texte trägt George Psychoundakis mit Bleistift und

in einer Handschrift, die keine Ausschweifungen erlaubt, in Karteikarten ein. Von Tag zu Tag wird der Stapel dicker, das geht schon seit Jahren so.

George Psychoundakis

Das Foto stammt aus meinem »Kreta«-Reiseführer, erschienen 1983 in der Reihe »Richtig reisen« des DuMont-Verlages

Sechs Jahre hat Psychoundakis an seiner ersten Homer-Übersetzung gearbeitet, der »Odyssee«, dem Epos von den Irrfahrten des Odysseus. Dafür wurde er von der Griechischen Akademie ausgezeichnet und mit einem hohen Preisgeld beschenkt. Die Leistung ist erstaunlich: George Psychoundakis, ein ehemaliger Schafhirte, hat nie studiert, noch nicht einmal das Abitur. Nur drei Jahre hat er die Dorfschule besucht. Als ich ihm meine Bewunderung zeige, lacht er nur sein wissendes, gewinnendes Lächeln.

[1981]

Der Retter

Wie TCM einer bemitleidenswerten Kollegin hilft

Die Kollegin wird kreidebleich. Es sind offensichtlich Darmkrämpfe, die ihr den eigentlich wunderschönen Ausflug verderben. Wir sind alle ratlos. Was sollen wir tun? Wer kann der armen Kollegin helfen?

Bisher verlief die Kreuzfahrt mit der neuen MS Century Diamond auf dem Yangtze reibungslos. Wir genießen trotz des diesigen Wetters die Landschaft und die luxuriöse Atmosphäre an Bord. Zum Ausflug in die »Drei kleinen Schluchten« sind wir auf kleinere Boote umgestiegen. Von da an ging es der Kollegin schlecht. Wir löchern sie mit Fragen, denn wir wollen ihr helfen.

Ist sie seekrank? Nein.

Hat sie etwas Falsches gegessen? Nein.

Hat sie vielleicht ihre… hm… Tage? Nein.

Der Grund für ihre Leibschmerzen bleibt unerklärlich. Die Krämpfe werden offensichtlich immer heftiger. Wir überlegen schon, mit dem Boot zum Kreuzfahrtschiff zurückzukehren.

Der Kreuzfahrtdirektor kommt dazu, ein Hüne von einem Chinesen. Wir mögen ihn alle, er ist offen, herzlich und weltgewandt. »Lassen Sie mich mal sehen«, sagt er freundlich und nimmt die Hand der Kollegin. Wir können nicht genau sehen, was er macht, aber offensichtlich drückt er mal auf eine Stelle an der Handwurzel und mal auf eine andere.

Wie durch ein Wunder kehrt die Farbe in das Gesicht unserer Kollegin zurück. Ihr geht es offensichtlich besser. Noch ein paar Minuten und sie ist wieder ganz die alte – die junge, quicklebendige Journalistin.

Fragend schauen wir den Kreuzfahrtdirektor an. Was war geschehen? »Das war TCM«, sagt er sanft. TCM? »Traditionelle Chinesische Medizin«...

[2009]

Ein Riesenhokuspokus

Frank Kantereit schreibt ein Märchenbuch
nach dem anderen

Liebevoll schreibt, nein: malt Frank Kantereit die Widmung in das Buch. »Meine liebe Pepi...« ist da zu lesen. Und Frank erzählt, wie wichtig es sei, die eigene Kindheit nicht zu vergessen. Die Widmung gerät sehr lang, Frank nimmt sich dafür Zeit.

Gerade habe ich ihm an seiner Bude im Bornholmer Ort Snogebæk – früher ein Fischerdorf, heute eher ein hübscher Einkaufsort – ein Buch abgekauft. Der Titel: »Dreizehn Zöpfe, dreizehn Locken und ein Riesenhokuspokus«.

»Für wen ist das Buch«, fragt Frank. Ich sage ihm, dass ich es meiner kleinen Münchener Freundin Akeyo (»Pepi«) schenken will. Und Frank beginnt mit seiner Widmung.

Um Touristen zum Shoppen in dem kleinen, aber feinen Ort zu animieren, hat die Verwaltung kleine Häuschen errichtet. In einem dieser Häuschen breitet Frank seine Bücher aus. Sein Geschäft trägt den wundervollen Namen »Drømmestjerne-Hytten« – Traumsternchen-Hütte. »Ein wunderbarer Ort, meinen Lesern zu begegnen«, sagt Frank Kantereit, »in all den Jahren eine Gelegenheit für viele, immer wieder zu kommen, Bücher von mir, handsigniert, zu erwerben und einen herrlichen Plausch über die Insel und das Leben zu halten.«

Wundersame Titel tragen die sieben Märchenbücher, die zwischen 2012 und dem letzten Jahr erschienen sind: »Trollverflixte Mittsommernacht«, »Es schneite«, »Frieden der Nacht«, »Die Himmelsbirke – Eva Charlotta hat es streng«, »Als Finn die Zeit vergaß«", »Die Himmelsbirke – Eva Charlotta will das ganze Leben« und eben »Dreizehn Zöpfe, dreizehn Locken und ein Riesenhokuspokus«. Wer nicht nach Bornholm komme, so erklärt mir der Autor, könne die Bücher auch über jede Buchhandlung beziehen.

Es liegt Frank am Herzen, die Bedeutung einer glücklichen Kindheit in seinen Büchern darzustellen. Der Hauptgrund, warum er Bücher für Kinder schreibt, ist »ein recht simpler:

Ich halte Kinder für die aufrichtigeren Menschen, deshalb gefällt es mir, für sie zu schreiben.« Und den Erwachsenen, für die seine Bücher ja auch gedacht sind, wünscht er, »dass sie sich dessen bewusst sind, woraus sie erwachsen sind: Die Wurzel eines Erwachsenen bleibt für ein ganzes Leben stets die Kindheit. Verdorrt diese Wurzel, verdorrt der Mensch!«

Franks bewegtes Künstlerleben

Frank Kantereit hat schon ein bewegtes Künstlerleben hinter sich. Geboren auf Bornholm, machte er vor allem in Deutschland Karriere. Nach einem Studium Musik/Oper an der Staatlichen Musikhochschule Köln und einem Stipendium bei den Bayreuther Festspielen folgten Engagements in mehreren deutschen Städten und in Stockholm sowie an der Volksoper in Wien. Dazu entwickelte sich eine Karriere als Regisseur und Bühnenbildner, die u.a. zu einer elfjährigen Intendanz der Dortmunder Naturbühne Hohensyburg führte.

Später, so erzählt Frank Kantereit, »folgten Gastinszenierungen weltweit: Spanien, Portugal, Türkei, Schweiz, Österreich, Mexiko, Thailand. Unter anderem: Die Erstaufführung von Mozarts ‚Zauberflöte' mit einem nahezu einheimischen Ensemble im Senegal.« In all diesen Jahren waren seine Hauptwohnorte Berlin und Ermatingen am Schweizer Teil des Bodensees.

Während seiner Intendanz in Dortmund verfasste Frank Kantereit eine Bühnenversion der »Kinder aus Bullerbü«. In diesem Zusammenhang ergab sich ein brieflicher Kontakt mit »der von mir mehr als hochverehrten und geschätzten

Astrid Lindgren«. Diese Begegnung ließ in dem Künstler so langsam den Gedanken an das Schreiben von Büchern keimen: »Und da eine Kindheit auf Bornholm einer Bullerbü-Kindheit mehr als ähnelt, lag es nahe, meiner Kindheit literarisch eine Form zu geben.«

Start mit »Trollverflixte Mittsommernacht«

Aber nicht als Biografie, sondern als muntere Erzählung, die alle Kinder-Bornholm-Erlebnisse in ein wunderschönes, fantasievolles Sommerbuch zusammenfasste: »Trollverflixte Mittsommernacht«, das auch in einer dänischen Ausgabe erschienen ist. Und: »Durch meine bühnenbildnerischen Tätigkeiten ergab es sich, dass ich all meine Bücher selbst illustriere.«

Nach all den Jahren des weltweiten Herumreisens »gab es den Wunsch nach einer Beziehung«. Zu deren Gunsten zog er sich von der Bühne etwas zurück (»Aber es wird für ein Theaterpferd wie mich niemals ohne gehen...«) und lernte seinen Mann mit dem wohlklingenden Nachnamen Remigio kennen. Der stammt aus Florenz, aus der Familie des legendären Teufelsgeigers Paganini... Frank Kantereit-Remigio: »Ausgerechnet mein Mann als Italiener verliebte sich in meine Heimat Bornholm.« Und so kehrte Frank 2013 in seine Heimat zurück.

[2020]

Das vergiftete Kompliment

Gespräch an der Bar mit kretischem Patriarchen

Eine aufwändige Recherchenreise nach Kreta ist geplant. Meine Partnerin Sabine reist zum ersten Mal mit. Wochen vor dem Reisedatum hat sie ein kleines Problem, nämlich schmerzhafte Warzen unter dem Fuß. »In einer Woche ist alles verheilt und Sie spüren nichts mehr davon«, verspricht der Arzt, der diese mit Laserstrahl beseitigt.

Aber er irrt sich. Er irrt sich gewaltig. Der Reisetermin rückt immer näher, aber Sabine kann immer noch nicht fest auftreten. Normales Gehen ist schmerzhaft, deshalb geht sie »wie auf Eiern«. Wir entschließen uns trotzdem, die Reise nicht abzusagen. Es ist ja nicht schwer, auf dieses Handicap während der Reise ein wenig Rücksicht zu nehmen.

Wir machen uns also auf den Weg. Viele interessante Leute lernen wir auf Kreta kennen. Darunter ist einer der ganz großen Bosse in der Touristik Griechenlands. Er ist ein Hüne von einem Kreter, mit kerzengradem Gang, stolzem Schnurrbart, ergrautem, vollem Haar und mit fester, aber zugleich einschmeichelnder Stimme. Für einen großen Reiseveranstalter ist er als Generalbevollmächtigter tätig und besitzt selbst eine ganze Reihe feiner Hotels.

Im Familienkreis gibt er den Patriarchen, dessen Wort gilt. So verdonnert er seinen jungen Sohn, einen Spätgeborenen, und dessen Frau zu einer Berufsausbildung. Das Paar hat nach seiner Ansicht in viel zu jungen Jahren ein Kind in die Welt gesetzt. Und so nimmt er der jungen Mutter praktisch für Jahre das Baby weg, um es von nach seiner Ansicht kompetenteren Familienmitgliedern aufziehen zu lassen. Das junge Paar nimmt das Urteil klaglos an.

Selbstverliebt schildert der Kreter uns seinen Werdegang vom Bauernsohn zum Chef eines Hotelimperiums, erklärt

seine Besitztümer und schildert voller Stolz, was für einen großen Einfluss er auf der Insel hat. Er ist keineswegs unsympathisch. Wir hören gerne zu, und seine touristischen Tipps sind erstklassig.

Und so sind wir auch ein ganz klein wenig stolz, als er uns in eines seiner Spitzenhotels zum Abendessen einlädt. Er betont, er möchte mit uns einmal

ausführlich plaudern, und das nicht nur über den Tourismus. Unsere Gesellschaft scheint ihm zu gefallen.

Feingemacht und gut gelaunt sitzen wir drei vor dem Essen an der Bar. Ich bin stolz auf Sabine. Sie sieht blendend aus, ist braungebrannt, charmant, entspannt und offensichtlich glücklich. Irgendwann verabschiedet sie sich kurz, um zur Toilette zu gehen. Der Patriarch wendet sich mir ganz zu, um mir von Mann zu Mann zu versichern: »Was für eine schöne Frau! Nur schade, dass sie hinkt…« [1992]

Das Kuhglocken-Ballett
Altes Handwerk auf der Weltkulturerbe-Liste

Seit heute habe ich allergrößte Hochachtung vor Kuh-glocken. Nicht vor den üblichen Kuhglocken, wie sie in der Schweiz, in Österreich oder auf deutschen Weiden bimmeln. Sondern vor denen, die wie in alten Zeiten in Portugal hergestellt werden. Wir sind in Alcáçovas, zu Besuch in der Kuhglocken-Manufaktur Chocalhos Pardalinho. Die Handwerkskunst, die hier praktiziert wird, steht sogar auf der Unesco-Liste des Immateriellen Kulturerbes.

Genauer: auf der Liste des dringend erhaltungsbedürftigen Immateriellen Kulturerbes. Denn es gibt drei dieser Listen, neben dieser noch die Repräsentative Liste des Immateriellen Kulturerbes der Menschheit und das Register Guter Praxisbeispiele. Dass die Kuhglocken-Herstellung à la Portugal in der Tat gefährdet ist, liegt auf der Hand: Auf der einen Seite werden Herden heute vielfach mit Chips gehütet. Und wenn doch Kuhglocken gekauft werden, stammen sie meist aus industrieller Fertigung.

In Alcáçovas, etwa 130 Kilometer südöstlich von Lissabon, gab es früher ein Dutzend Betriebe und mehr, die sich auf die 2000 Jahre alte Kunst der Kuhglocken-Herstellung verstanden. Das Wissen um die komplizierte Technik wurde früher vom Vater auf den Sohn mündlich vererbt, schriftliche Aufzeichnungen gibt es nicht. Heute existiert nur noch dieser eine Betrieb in Alcáçovas. Die Mannschaft – hier arbeiten tatsächlich nur Männer! – stammt schon längst nicht mehr nur aus einer Familie, so wie es früher Tradition war. Sondern sie ist bunt zusammengewürfelt. »Hier lernt und macht jeder alles«, sagt einer der Arbeiter.

Alcáçovas mit der Manufaktur Chocalhos Pardalinho liegt an der Estrada Nacional 2, der längsten Straße Portugals und längsten Nationalstraße Europas. Sie führt in über 700 Kilometern Länge von Portugals Norden bis in den Süden nach Faro. Bis auf die Manufaktur ist der Ort touristisch unbedeutend. Nur einmal blickte die (europäische) Welt kurz auf ihn. Das war 1479, als mit dem Vertrag von Alcáçovas der seit fünf Jahren tosende Kastilische Erbfolgekrieg beendet wurde.

Tapsiger Marsmensch am Brennofen

Nach Voranmeldung kann die Manufaktur besichtigt werden. Sie liegt in einer modernen Werkshalle, die gar nicht aussieht wie eine Schmiede. Zuerst erblicke ich eine große Verkaufsfläche mit regulären Kuhglocken, kleineren Glocken für Schafe, klitzekleinen Glocken für Katzen, Schmuck-Glocken und anderen Souvenirs. Und dann erlebe ich das faszinierende Schauspiel, wie die Glocken hergestellt werden.

Zuerst schneidet ein Mitarbeiter aus Eisenblech Rechtecke in der gewünschten Glockengröße aus, die kalt mit Metallschere und Hammer zu becherförmigen Gebilden geformt werden. Dann werden kleine Stücke aus Kupfer und Zinn um die Becher gelegt, die schließlich von einem Mantel aus Ton und Stroh umgeben werden.

Jetzt kommt eine Art Marsmensch zum Zuge, ein Mitarbeiter mit Schutzkleidung, die schnelle Bewegungen unmöglich macht. Das ist ein hitzeabweisender, silbrig glän-

zender Umhang, ein Halsschutz, feuerfeste Handschuhe und ein massiver Helm mit feuersicherem Sichtfenster. Tapsig nähert sich der Mann dem Brennofen, erfasst mit einer langen Stange ein Objekt nach dem anderen, das auf einem fahrbaren Tisch vor ihm liegt, und schiebt es in den Brennofen, in dem 1.200 Grad Celsius herrschen.

Unendlich viele Hammerschläge

Dann tritt das Kuhglocken-Ballett in Aktion. Nach dem Brennen tritt die ganze Mannschaft wie ein Ballett an, um im gleichen Takt die glühend heißen, ummantelten Kuhglocken an langen Stangen auf dem Boden hin und her zu rollen. »Dadurch wird eine gleichmäßige Verschmelzung des Metalls erreicht«, erklärt mir ein Mitarbeiter. Es zischt, als dann die noch ummantelten Kuhglocken zum Abkühlen in kaltes Wasser geworfen werden. Wenn jetzt der Lehm-Stroh-Mantel abgeschlagen wird, kommen die goldgelben Glocken zutage.

Sie sind noch nicht fertig. Sie werden getrocknet, poliert und mit einem Klöppel versehen. Und dann erlebe ich den Höhepunkt des Besuchs: Der Meister stimmt den Ton der Glocke mit unendlich vielen kurzen Hammerschlägen ab, eine Aufgabe, die Fingerspitzengefühl, Geschick und ein perfektes Gehör erfordert. Dann ist der Weg für die Kuhglocken frei – von Alcáçovas hinaus in die ganze Welt.

[2019]

Stoppschild? Gas geben!

Auf Malta brauche ich an drei Tagen drei Mietautos

Unwirsch schnauzt mich der Autovermieter an: »Was machen Sie nur falsch?« Und beharrt darauf: »Irgendetwas müssen Sie falsch machen!« Entrüstet antworte ich: »Wieso ich? Schließlich sind die anderen Autofahrer auf mein Auto aufgefahren.« Zum dritten Mal innerhalb von drei Tagen stehe ich beim Autovermieter auf Malta und wünsche einen neuen Wagen. Die Polizei hat mir bescheinigt, dass ich unschuldig bin an den zwei Auffahrunfällen.

Passiert sind sie an Stoppschildern. Wumms, fuhr ein Auto auf, und das an zwei Tagen hintereinander. Niemand wurde dabei verletzt, aber meine beiden Autos hatten einen ziemlichen Blechschaden. Beide Male kam die Polizei und nahm blitzschnell den Unfall auf.

»Noch einmal gebe ich Ihnen einen neuen Mietwagen«, schnauzt der Vermieter, »aber dann ist Schluss.« Und wieder beginnt er mit seiner Litanei: »Was machen Sie nur falsch? So etwas passiert einem doch nicht zweimal hintereinander!«

»Nichts mache ich falsch«, antworte ich trotzig, »ich nehme niemandem die Vorfahrt, halte an Stoppschildern und…«

»Da haben wir es ja«, unterbricht mich der Autoverleiher, »niemand hält auf Malta an Stoppstraßen. Wenn Sie sich einem Stoppschild nähern, schauen Sie, ob Sie jemandem in die Quere kommen – und geben Sie Gas! Das macht hier jeder so. Und wenn Sie das nicht machen, werden Sie den Malta-Aufenthalt nicht überleben.«

Harte Worte. Also stelle ich meine Fahrweise um, nachdem ich mich gerade erst mit Mühe an den Linksverkehr gewöhnt hatte. Ich beschleunige das Auto an Stoppschildern und Einfahrten statt zu bremsen. Es klappt! Ich halte mich an die offensichtlich auch auf Malta geltende Regel der südländischen Autofahrer: Achte auf das, was vor dir ist, und ignoriere, was hinter dir geschieht.

Ein paar Tage später gebe ich meinen dritten Mietwagen unbeschädigt zurück. »Gut«, sagt der Autovermieter jovial, »Sie haben sich an meinen Rat gehalten...«

[1986]

Das Geheimnis der Goldgreise
Die Männer haben auffallend große Nasen

Eigentlich hatte ich damit gerechnet, mit meiner Bitte gegen eine Wand zu laufen. Mir war bei Recherchen auf Bornholm erzählt worden, in den vergangenen zwei Jahren habe Bornholms Museum sensationelle Goldfunde gemacht. Die möchte ich sehen und fotografieren, obwohl der Fund noch nicht veröffentlicht worden ist.

Aber Margrethe Watt, die Archäologin des Museums, hat für meinen Wunsch Verständnis und ist entgegenkommend: Bereitwillig zeigt sie mir ein Blatt, auf dem die »Guldgubber«, die »Goldgreise« katalogisiert sind. Ich darf Fotos machen.

Und Margrethe erzählt. Es waren Amateure, die vorletztes Jahr auf einem Acker in der Nähe von Svaneke ein paar hauchdünne goldene Plättchen fanden, in die Figuren eingeprägt waren. Die Entdeckung war dadurch ermöglicht worden, dass der Frühjahrsregen das Feld ausgewaschen hatte. Dass die Freizeitarchäologen ausgerechnet auf diesem mehrere hundert Quadratmeter großen Feld gesucht hatten, lag auf der Hand. Schon häufig waren hier Einzelfunde gemacht worden, und bereits 1569 wurde das Gebiet »Goldacker« genannt. Die ersten – wenigen – Goldbildnisse, so erzählt man sich auf Bornholm, entdeckte übrigens ein deutscher Geologe, der im 18. Jahrhundert auf der Festung Hammershus als Gefangener saß, sich aber auf der ganzen Insel frei bewegen durfte.

Vorletzten Herbst startete Margrethe Watt eine erste Goldsuche im kleineren Rahmen. Letztes Jahr folgte eine zweite, große Grabung. Dabei wurde ein riesiges Wassersieb eingesetzt, in dem mithilfe von 200 Litern Wasser pro Minute die kostbaren papierdünnen Plättchen vom Erdreich getrennt wurden. Die »Guldgubber«, also »alte Männer aus Gold« oder »Goldgreise«, wie die kleinen Figuren von den Fachleuten ein wenig ironisch genannt werden, sind nur ein bis zwei Zentimeter hoch.

Inzwischen hat Margarete Watt schon über 2.000 gefunden. Das ist für sie »eine unglaubliche Zahl«, wie sie stolz sagt, denn in ganz Skandinavien sind insgesamt nur 150 solcher Goldplättchen ans Tageslicht befördert worden. Hundert verschiedene Motive zeigen die geprägten Goldfolien; einige von ihnen tauchen nur einmal auf, andere bis zu 80mal. Bisher ist noch keiner der verwendeten Prägestempel gefunden worden.

Fünfmal umarmen sich Mann und Frau

Auch bei Stücken, die mit dem gleichen Stempel hergestellt worden sind, wechselt die Goldqualität. Je höher der Goldanteil ist, desto besser sind die Abbildungen. So vielfältig die Motive auch sind, sie stellen fast alle nur die Variationen eines einzelnen Themas dar: Eine stilisierte Männerfigur mit schulterlangem Haar wendet dem Betrachter ihren breitschultrigen Körper zu, zeigt aber das Gesicht – bartlos und mit auffallend großer Nase – im Profil.

Der Mann ist stehend, manchmal auch gehend dargestellt. Seine Kleidung besteht aus einem halblangen, ärmel-

Guldgubbe – Darstellung eines Bornholmer Künstlers

losen Kaftan, meist trägt er einen Stock. Bei den wenigen Frauenbildnissen, die zum Fund gehören, ist das lange Haar im Nacken zusammengebunden. Fünf Plättchen zeigen Mann und Frau, die einander ihre Gesichter zuwenden und sich umarmen.

Bei der Datierung ist sich Margrethe Watt sicher: Die Goldplättchen sind 500 bis 600 nach Christus geprägt worden, also zum Ende der Völkerwanderung. Aber welchen Zweck hatten die Plättchen? Hier ist die Archäologin auf Spekulationen angewiesen. »Als Kleiderschmuck werden sie kaum gedient haben«, sagt Margrethe Watt, »dafür sind sie zu dünn«. Eine Art Souvenir oder ein Tauschmittel?

Sicher ist, dass der Fundort einst Handelsplatz war. Man hat hier überdies Perlen und Scherben fränkischer Gläser entdeckt. Margrethe Watt hat eine ganz andere Vermutung, nämlich dass am Fundort eine heidnische Kultstätte lag, »die vielleicht dem Gott Odin gewidmet war«. Wenn das stimmt, haben die Guldgubber religiöse Bedeutung und sind Weihegaben.

[1988]

Peinlich...

Wie sich Maßstäbe schnell verschieben

Der fröhliche Ruf lässt alle Urlauber hochschauen: »Liebling, da bin ich!« Auf der obersten der drei Stufen, die von der kleinen Hotelhalle zur Frühstücksterrasse hinunterführen, steht eine junge Frau und strahlt. Sie tänzelt und hat dabei die Arme ausgestreckt. Jetzt erst bemerkt sie ihren Fauxpas: Sie hat vergessen, einen Rock oder eine Hose anzuziehen und steht im Slip da.

Ist ihr das peinlich! Errötend stolpert sie zurück zu ihrem Zimmer. »Liebling« und alle anderen Hotelgäste lächeln. »Das kann doch jedem mal passieren«, brummt einer.

Unser Hotel auf Skiathos ist schnuckelig. Klein, überschaubar, hell und freundlich. Das Beste ist die Lage direkt am Strand. Von der Frühstücksterrasse sind es nur ein paar Schritte – und Du liegst im herrlich feinkörnigen Sand.

Und da liegt nach dem Frühstück auch die junge Dame von eben. Oben ohne und mit einem Bikinihöschen, das an Winzigkeit nicht mehr zu übertreffen ist. Ihr ist das nicht peinlich und auch niemandem sonst ...

[1985]

Inkognito unterwegs...

Ole auf den Erbseninseln

Tourismuskoordinator für Christiansø

Das Ausflugsschiff »Ertholm« läuft im Hafen von Christiansø ein. Wir – meine Söhne Bend und Jesper und ich – erkennen auf Anhieb Ole unter den Inselbewohnern, die am Hafen stehen. Ein stattlicher Mann mit offenem Gesicht und freundlichem Lächeln – so wie wir uns den idealen Dänen vorstellen. Die Begrüßung ist herzlich, und Ole ist in seinem Element.

Christiansø, eine knappe Stunde mit dem Ausflugsschiff von Bornholm entfernt, ist eines der beiden bewohnten Eilande der Inselgruppe, die sich Erbseninseln nennt. Dort hat Ole einen interessanten Job: Er ist Tourismuskoordinator von Christiansø und der Nachbarinsel Frederiksø. Hans Ole Matthiesen, so sein vollständiger Name, ist „zuständig für alle Nachrichten von der Insel". Und hat schon so manche Idee entwickelt, die den Inseln guttut und den Menschen dort, die vom Tourismus leben.

Ole hat einen Vertrag mit dem Verteidigungsministerium, denn die Erbseninseln bilden keine dänische Gemeinde, sondern unterstehen direkt dem Verteidigungsministerium in Kopenhagen, obwohl keine Soldaten dort wohnen. Das hat historische Gründe. Denn die beiden kleinen, befestigten Inseln waren einmal ein wichtiger Flottenstützpunkt.

Während meine beiden Söhne allein die Insel durchstreifen, macht Ole mit mir einen Rundgang. Nur 89 Menschen wohnen auf den Erbseninseln, darunter 17 Schulkinder. Wenn sie die Grundschule absolviert haben, müssen sie die Inseln verlassen, um eine weiterführende Schule besuchen zu können.

Hunde und auch Katzen sind auf den Inseln verboten. Es gibt auch keine Autos, dafür ist kein Platz, und es fehlen auch Straßen.

Christiansø ist nur 710 Meter lang und 430 Meter breit und damit fünfmal so groß wie die Insel Frederiksø; eine Fußgängerbrücke verbindet beide Inseln.

Es begann mit »ein paar Ideen«

Ich habe Christiansø in den letzten Jahrzehnten schon mehrfach besucht und einmal auch dort übernachtet. Die Insel lebt vom Tagestourismus und bietet nur wenige Betten für Urlauber oder andere Übernachtungsgäste. Vieles, was Ole erklärt, ist mir neu. Schließlich ist er auch Ornithologe und Naturführer und bietet regelmäßig Führungen über die Insel auf Deutsch an. Sein Deutsch ist übrigens ausgezeichnet, auch in den Zwischentönen.

Was für ein beeindruckender Lebenslauf. Ole, Vater zweier erwachsener Kinder und Großvater, wuchs auf der Insel Als auf und machte 1974 das Abitur. Er absolvierte ein Lehrerstudium in Biologie und Sport und studierte anschließend an der Universität Århus Archäologie des Mittelalters. 1986 ging er an das Museum Viborg, von 1990 bis 1995 arbeitete er als Naturberater für Süddänemark. Weitere Stationen: von 1994 bis 1999 Direktor der Mittelalterburg Spøttup, 1999 und 2000 Archäologe in Ribe. Von 2000 bis 2019 war er Museumschef im Dänischen Nationalmuseum in Kongernes Jelling.

Den Job auf Christiansø hat er sich „mehr oder weniger selber geschaffen" (Ole). 2017 schrieb er dem Inselverwalter und „versuchte ein paar Ideen loszuwerden". Im selben Jahr schuf er die faszinierende Ausstellung im restaurierten Großen Turm und machte obendrauf noch 60 bis 70 Führungen. 2018 schrieb Ole ein Strategiepapier für die Erbseninseln, und so ist es nicht verwunderlich, dass der Inselkommandant Jens Peter Koefoes ihn fragte, ob er die neu geschaffene Stellung als Koordinator haben wolle. Ole: „2019 verließ ich den Job in Jelling, und seit April 2019 bin ich hier." Und er arbeitet „hier" mit einer Begeisterung, die ansteckend ist. Dies allerdings nicht im Winter, dann wohnt er mit seiner Frau in Fredericia – bis er im März nach Christiansø zurückkehrt.

[2020]

Die »Erbseninsel« Frederiksø

Schnappschuss mit dem Kronprinzen-Paar

Gewese um die Belgrader Royals ist nur Show

Ich stehe im Königsschloss von Belgrad neben dem Kronprinzenpaar. Alexander II. und seine griechische Frau Katharina Claire Batis lächeln mit mir um die Wette. Auf das Foto könnte ich stolz sein. Bin ich aber nicht. Denn das Gewese um das Kronprinzenpaar ist im Grunde nur eine Show für Touristen.

Der Reihe nach. Die Besichtigung mindestens eines der zwei Königspaläste im Belgrader (Nobel-)Vorort Dedinje gehört zum »Pflichtprogramm« eines jeden Belgrad-Touristen. Unter Umständen macht der Reiseleiter – wie bei mir – eine Begegnung mit Kronprinz Alexander II. und Kronprinzessin Katharina möglich, für einen Aufpreis, versteht sich. Vieles, was dabei über das Paar und dessen Domizil erzählt wird, ist schlicht falsch.

Das Königshaus ist nicht besonders alt. 1882 führten die Serben in ihrem 1878 beim Berliner Kongress selbstständig gewordenen Staat die Monarchie ein. Das Königreich Serbien ging 1918 in das Königreich der Serben, Kroaten und Slowenen über und wurde 1929 nach einem Putsch des Königs in Königreich Jugoslawien umbenannt. 1941 trat das diktatorisch regierte Königsreich dem Dreimächtepakt Deutschland-Japan-Italien bei. Die Invasion der Deutschen im selben Jahr war praktisch die Auflösung des Königreichs, obwohl bis 1945 in London eine Exilregierung bestand.

Die Schlösser sind im Vergleich zu anderen Königsresidenzen in Europa Neubauten. Das sogenannte Königsschloss wurde erst zwischen 1921 und 1929 in neubyzantinischen Stil aus weißem Marmor errichtet. Es hat ansprechende Proportionen und ist mit kostbaren Möbeln, Teppichen und Bildern ausgestattet. Das Weiße Schloss, auch Weißer Hof genannt, wurde von 1934 bis 1937 von Alexander I. als Residenz für seine drei Söhne gebaut.

Das Weiße Schloss wurde von Tito – und später von Präsident Slobodan Milošević – als Residenz genutzt. An Tito erinnert eine Couchgarnitur, auf der er die Großen der Welt empfing. Im Souterrain des Königsschlosses, das von Tito ebenfalls genutzt wurde, ist ein Kino zu sehen, in dem Tito sich von seinem erhöhten Sitz auf einer Balustrade aus vor allem Wildwestfilme anschaute.

Nur kostenloses Wohnrecht

Beide Schlösser wurden von Tito seinem Staat einverleibt. Wer der heutige Besitzer ist – Serbien oder das Königshaus – ist rechtlich noch ungeklärt. Auch wenn das Kronprinzen-Paar den Eindruck erweckt, beim Königsschloss handle es sich um die eigene Residenz, ist ihm nach der vom Staat erlaubten Rückkehr nur das kostenlose Wohnrecht im ersten Stock eingeräumt worden. Die restlichen Räume sind Museum. Das Paar darf keinen der Gegenstände veräußern.

Alexander II. wurde 1945 im Londoner Exil geboren. Aber eigentlich konnte nur König von Jugoslawien sein, wer auf jugoslawischem Territorium geboren wurde. Da kam dem pfiffigen Premier Churchill die Idee, das Zimmer 212 im Claridge-Hotel, das Geburtszimmer, zu jugoslawischem Territorium zu erklären. Angeblich wurde sogar unter das Geburtsbett jugoslawische Erde gekippt...

Die Taufe fand standesgemäß in der Westminster Abbey statt, Paten waren der damalige britische König Georg VI. und seine älteste Tochter, die heutige Königin Elisabeth II. Der königliche Nachwuchs machte Karriere in der britischen Armee, heiratete 1972 eine spanische Prinzessin, bekam mit ihr drei Söhne, wurde 1985 geschieden und heiratete noch im selben Jahr die Griechin Katharina Claire Batis, die heutige Kronprinzessin.

Für einen solchen Schnappschuss müssen Touristen zahlen...

Beide haben verschiedene karitative Einrichtungen gegründet. Sie machen ohne Zweifel einen liebenswerten Eindruck, sind charmant und freuen sich besonders über Besuch aus Deutschland. Ihr Englisch ist perfekt, der Kronprinz spricht angeblich nur sehr schlecht Serbokroatisch. Natürlich tritt das Paar für eine Wiedereinführung der Monarchie ein, wozu es angeblich 40 Prozent der Serben hinter sich hat. Von einer konstitutionellen Monarchie verspricht sich Alexander politische Kontinuität.

Ja – König wovon denn? Das Reich ist geschrumpft. König der Serben also? Oder doch König von Jugoslawien? »Das gibt es nicht mehr« sagt Alexander, »heute gibt es Europa«. Und fügt hinzu: »Gottseidank!«

[2015]

Hundertwasser ist es zu warm

Das Interview im Kunst Haus Wien ist in Gefahr

Wien, 9. April 1991. **Heute wird das Kunst Haus Wien eröffnet, das Hundertwasser-Museum. Es ist in einer von Hundertwasser selbst zauberhaft umgestalteten früheren Fabrik der Firma Thonet untergebracht, deren Bugholzmöbel weltbekannt sind.** Bevor Eröffnungspressekonferenz und Eröffnungsfeier losgehen, steht mir Hundertwasser eine halbe Stunde zu einem Rundfunk-Interview zur Verfügung. Ich kann mein Glück kaum fassen.

Auftraggeber ist der Sender Freies Berlin. Ich bin stolz. Schon einige Prominente habe ich in meinem beruflichen Leben interviewt, und nicht nur Touristiker. Zarah Leander beispielsweise, die große Diva, Oleg Popow, den russischen Weltklasse-Clown, oder Serge Jaroff, den kleinen, drahtigen Chef der Don Kosaken. Und jetzt Friedensreich Regentag Dunkelbunt Hundertwasser (der eigentlich Friedrich Stowasser heißt). Von seinen Jüngern lässt er sich nach mittelalterlichem Vorbild »Meister« nennen.

Da sitzen wir uns also gegenüber, Hundertwasser nervös und knurrig, ich ziemlich aufgeregt. Ich sage mir immer wieder: Mein Interviewpartner ist der berühmte Hundertwasser, der Architekt, der Maler, der Filmemacher, der Kämpfer für eine bessere Umwelt. Zwei verschiedenfarbige Socken trägt er, ein bunt gestreiftes Hemd. Der Bart ist grau, die Augen sind klug und abschätzend.

Das Interview beginnt, das mehr ein Monolog ist als ein Dialog. Hundertwasser sagt, dass man der Natur zurückgeben müsse, was man ihr mit den in die Landschaft geklotzten Bauten nehme. Er spricht vom »Fensterrecht« bei neuen Bauten und von »Baumpflicht«. Auch aus dem Fenstern des

Hundertwasser auf der Pressekonferenz zur Eröffnung des neuen Museums Kunst Haus Wien

neuen Museums wachsen Bäume. Den rechten Winkel in Bauten nennt er »ein Verbrechen«. Für einen Interviewer gerät ein solches Interview zur beruflichen Sternstunde.

Ehe ich das alles auf Band aufnehmen konnte, hing die Audienz allerdings an einem seidenen Faden. Gerade will ich den Aufnahmeknopf drücken, da schnauzt Hundertwasser seine Assistentin an: Sie solle gefälligst die Heizung im Haus gewaltig herunterdrehen, es sei viel zu warm. Hundertwasser: »Sonst rede ich mit diesem Mann kein Wort!« Dieser Mann – das bin ich.

Ich bin erleichtert, weil die Assistentin alsbald Vollzug meldet und Hundertwasser sich auf das Gespräch konzentrieren kann. So unpassend sein Ton ist, in der Sache hat er natürlich recht. Es ist wirklich warm im neuen Museum, und gleich kommen Tausende Gäste zur Eröffnung. Ihre Körperwärme zusätzlich zur Heizungswärme würde die Räume überhitzen und so den märchenhaften Hundertwasser-Gemälden schaden...

[1991]

Glaskunstwerk aus der Werkstatt von Pete Hunner & Maibritt Jönsson

Die Glas-Poeten

Pete & Maibritt sind in der Østersøhytten kreativ

Dass Pete Hunner nicht nur ein begnadeter Glas-
künstler ist, sondern auch ein guter Geschäfts-
mann, beweist er mir bei unserem ersten Treffen.
»Du gibst mir dein Kretabuch, dann bekommst Du von
mir meinen Katalog!« Abgemacht!

Es war einfach, mit Pete ins Gespräch zu kommen. Denn
er und Maibritt Friis Jönsson, Partnerin in Privatleben und
Beruf, sind offen für Kontakte und lieben das Publikum bei
der Arbeit. Beide haben sie Bornholm in ihr Herz geschlossen. »Das brillante Licht, der Himmel und das ewig wech-
selnde Wetter, die Uferfelsen und ihre Reflektionen im
Meer«, wie es Pete formuliert, das alles inspiriert die beiden.

Da er mit seinen Eltern – der Vater war bei der US Air
Force – häufig umziehen musste, konnte Pete kein Heimat-
gefühl entwickeln. Erst später in Dänemark, so sagt er, habe
er begonnen, Wurzeln zu schlagen. 1976 besuchte Pete die
Fachschule für Angewandte Kunst in Kopenhagen, um dort
ein Jahr später seine ersten Erfahrungen mit den faszinieren-
den Eigenschaften geschmolzenen Glases zu machen. »Die
Arbeit mit Glas entspricht meinem Temperament mehr als
die Herstellung von Keramik«, sagt er, »da bei Keramik nahezu drei Wochen vom Abteilen der Tonmasse bis zum end-
gültigen Resultat vergehen, während der Arbeitsablauf
beim Glas eine Frage nur von Stunden ist.«

Diese Möglichkeit zur Spontanität wird teuer erkauft.

Denn der Schmelzofen muss 24 Stunden in Betrieb sein, und dies zehn Monate mit einer Temperatur von 1.180 Grad. In ihrer Glashütte bei Østermarie verbrauchen Maibritt und Pete 40 Glasflaschen zu je 30 Kilogramm im Monat. Wenn der gut isolierte Schmelzofen geschlossen bleibt, kann er billiger betrieben werden. Teurer wird es, wenn Glas geblasen wird. Das Paar produziert sechs Stunden am Tag. »So stehen wir«, sagt Pete, »unter einem wirtschaftlichen und psychologischen Druck, über den ich mir nicht im Klaren war, als wir mit der Glasherstellung begannen.«

Im Kunstgewerbemuseum Berlin

Als Pete 1979 zum ersten Mal nach Bornholm kam, war die Snogebæk Glashütte die erste Station. Gemeinsam mit einem amerikanischen Freund arbeitete er für den damaligen Besitzer. Pete: »Im Winter mieteten wir dann die Werkstatt, um unsere eigenen Ideen zu verwirklichen und für Ausstellungen zu produzieren.« Sie nahmen an Ausstellungen in Schweden, England, Schottland, Deutschland und in den USA sowie Japan teil. Petes Werke wurden von zahlreichen Museen angekauft, unter anderem vom Kunstgewerbemuseum Berlin. Das erste Glasobjekt, das in seiner eigenen Werkstatt auf Bornholm entstand, wird im Museum von Rønne gezeigt, eine einfache klare Schüssel mit ein wenig blauem Dekor und einem blauen Rand.

Nach einem Intermezzo als Lehrer für Glaskunst an der Kunsthandwerkerschule in Kolding kehrte Pete mit Maibritt, die er schon beim Studium in Kopenhagen kennengelernt hatte, nach Bornholm zurück. Als das Paar in das neu erworbene Haus Østersøhytten außerhalb von Østermarie

Pete und die Glasbläser-Windrose auf der Østersøhytten, entnommen dem Band »The Dance with Glass«, erschienen 2007 zum 25-jährigen Jubiläum der Glasbläser-Arbeit von Pete Hunner und Maibritt Jönsson

einzog, setzte ihm der Dorfschmied eine Windrose aufs Dach, die einen Glasbläser zeigt. Rasch bauten Pete und Maibritt eine exportorientierte Produktion auf, der Verkauf im kleinen Laden ist nur ein Nebenverdienst.

Anregungen für die Farben und Farbkombinationen erhält das Paar beim Blick aus dem Fenster: »Das trockene Gelb eines abgeernteten Weizenfeldes, daneben eine Wiese mit frischem Grün, auf die ein Sonnenstrahl fällt, der seinen Weg durch das dunkle Blaugrau des Himmels gefunden hat, und nicht zuletzt die Sonnenuntergänge mit ihrem Zusammenspiel kühler und feuriger Farben...«, schildert Pete den Blick. Er ist eben auch ein Poet.

[1986]

In Panik gegen den Schrank

Wenn ein Hotel in der Einflugschneise liegt

Wie redet der Mann denn mit mir? »Wenn das nicht stimmt, was Sie da geschrieben haben, mache ich Sie fertig, Schwartz!« tönt es aus dem Telefonhörer. Der Anruf kommt aus Wien. Der Mann ist ein berühmter österreichischer Fernsehmoderator, der für die Rechte der Verbraucher kämpft. Ich schlucke meinen Ärger über diesen Ton hinunter. Wir machen ab, dass ich in seine nächste Sendung komme.

Bis dahin hat er einen Kameramann losgeschickt, der meinen Bericht überprüfen soll. Der Reihe nach: Mit einem kleinen Team von Hotelinspektoren bin ich nach Athen geflogen, um dort zum zweiten Mal die Hotelsituation für »test«, die Zeitschrift der Stiftung Warentest, zu überprüfen. Diesmal übernachten wir nicht direkt in Athen, sondern in einem Vorort. Was wir übersehen haben: Das Hotel liegt in der Einflugschneise des Flughafens. Nachts schrecke ich auf und bin der festen Überzeugung, einen Flugzeugabsturz zu erleben. Mit unerträglich lautem Getöse setzt direkt über dem Haus ein Flieger zur Landung an. Und dann kommt noch einer und noch einer. An Schlaf ist nicht zu denken.

Das Hotel hat noch weitere Macken. Laut der Katalogbeschreibung eines deutschen Reiseveranstalters liegt es »an einem Boulevard«. In Wahrheit ist das die vierspurige Schnellstraße von Athen nach Kap Sounion. Und beim Duschen fließt das Wasser nicht ab, sondern ergießt sich in mein Zimmer. Ich falte Papierschiffchen, lasse sie auf dem

Fußboden schwimmen und mache ein Foto. Das Foto erscheint in meinem Bericht in der Zeitschrift »test« – mit dem Tenor: Abgesehen davon, dass das Hotel im Katalog falsch beschrieben und wegen mangelndem Komfort ein unzumutbares Angebot für Urlauber ist, muss die Tatsache kritisiert werden, dass die Region in Flughafennähe überhaupt von deutschen Reiseveranstaltern angeboten wird.

Aus tiefstem Schlaf aufgeschreckt

Zwei Wochen später. Ein neuer Anruf aus Wien: »Schwartz, ich muss Ihnen Abbitte leisten!« Und dann erzählt er. Das Team, das er losgeschickt hat, um meine Recherchen zu überprüfen, ist natürlich im selben Hotel untergekommen, das ich im »test«-Heft so kritisiert habe. Aus tiefstem Schlaf ist der Kameramann nachts durch den gewaltigen Lärm eines landenden Flugzeugs aufgeschreckt. In Panik wollte er das Zimmer verlassen und ist dabei gegen einen Schrank geknallt. Im Krankenhaus musste er ambulant versorgt werden.

Szenenwechsel. In der Fernsehsendung aus Wien eine Woche später wird der Kameramann gezeigt, wie er sich mit verbundenem Kopf und einem Arm in der Schlinge nur humpelnd fortbewegen kann. »Wie kann man nur ein Hotel anbieten, das unmittelbar in der Flugschneise liegt«, donnert der Fernsehmoderator. »Diesen Missstand hat Horst Schwartz aufgedeckt, Leiter der Reiseredaktion der deutschen Verbraucherzeitschrift ,test'.«

1:0 für mich. [1974]

Wie ich beschließe, 60 zu werden

...und dabei so jung zu sein wie César Manrique

Viel hatte ich gelesen über meinen Gesprächspartner, den ich gleich treffe. Den Maler, Bildhauer
und Landschaftsgestalter. Den Mann, der den Mas-
sentourismus auf der Vulkaninsel ausgebremst hat. Der
dafür gesorgt hat, dass die unsäglichen riesigen Werbepla-
kate, die so viele Flecken in Spanien verschandeln, auf
dieser Insel verboten sind. Der die Vorschrift durchsetzte,
dass kein Haus höher als eine Palme sein darf. César Manrique, lebende Legende auf Lanzarote.

Die Verabredung zum Interview zwischen der Redaktion
der Zeitschrift „test" und dem berühmtesten Bewohner der
Vulkaninsel lief unkompliziert. Ja, er habe Zeit und würde
gerne für die Zeitschrift der Stiftung Warentest zu einem Gespräch zur Verfügung stehen. Dies aber müsse auf Spanisch
geführt werden. Interview auf Spanisch? Das kam mir spanisch vor. Aber das Problem war schnell gelöst. Die Redak-
tionsassistentin spricht fließend Spanisch und durfte deshalb mitfahren.

Wir warten vor seinem Wohnhaus, beide sind wir ein
wenig aufgeregt. César Manrique ist 60 Jahre alt. Er ist kein
stattlicher Mann, aber auf jeden Fall sportlich. Ich habe gelesen, dass er jeden Tag um fünf Uhr aufsteht, um seinen Körper fit zu halten. Auffallend ist sein hoher Haaransatz, sympathisch sein Blick.

Wie der Chefarzt einer Klinik kommt er uns entgegen, gefolgt von einer Entourage junger Männer. Zu diesem Bild passt, dass er ganz in Weiß gekleidet ist. Cesar Manrique stellt uns seine Jünger nicht vor und bemerkt nur kurz, das seien Architekturstudenten. Vielleicht in dem einen oder anderen Fall auch mehr? César Manrique hat nie ein Hehl daraus gemacht, dass er Männer liebt.

Er spricht so schnell, dass die Kollegin mit dem Dolmetschen kaum nachkommt. Unentwegt bewegt er seine Hände, um seine Thesen zu unterstreichen. Die Kernbotschaft: Seine Arbeit ist für ihn eine Frage der Moral. Mensch und Natur dürfen keine Gegensätze sein und müssen zusammenfinden – auch in der Gestaltung moderner Bauten. César Manrique erzählt viel über seine Zukunftspläne, welche Lavahöhle er zur Begegnungsstätte formen und wie er den Tourismus in Schranken halten will.

Fasziniert bin ich von diesem Mann. Ich bin 38 Jahre alt und nehme mir in diesem Augenblick fest vor, auch 60 Jahre alt zu werden – und dabei körperlich und geistig so fit zu sein wie César Manrique.

[1979]

Der Langzeitgast

Wie ich auf Madeira ins Fettnäpfchen trete

In diesem Hotel verlaufe ich mich immer und immer wieder, einmal, zweimal oder dreimal am Tag – je nachdem, wie oft ich meine Pressegruppe vor dem Hotel am Bus, in der Rezeption oder im Restaurant treffen soll. Es ist verflixt. Belmond Reid's Palace, das legendäre Luxushotel auf Madeira, erscheint mir so verschachtelt, dass ich immer wieder die Orientierung verliere.

Das mag daran liegen, dass das altehrwürdige, 1891 eröffnete Haus in diesem Jahrhundert einen Anbau erhalten hat, den nicht weniger mondänen Garden Wing. Die an den Hang gebauten zwei Hoteltrakte sind gegeneinander versetzt, so dass ein vernünftiger Mensch wie ich mit der Etagenzählung nicht so ohne Weiteres klarkommt.

Dass es Kolleginnen und Kollegen von mir genauso ergeht, tröstet mich nicht. Was mich aber tröstet, sind all die historischen Erinnerungsstücke auf jeder Etage, die das Haus manchmal wie ein (lebendiges) Museum wirken lassen. Es war natürlich mal wieder Sisi, die Kaiserin Elisabeth von Österreich, die sich hier als Langzeitgast ins Gästebuch eintrug. George Bernhard Shaw lernte hier mit knapp 70 das Tangotanzen, und die Suite, in der Sir Winston Churchill 1949 schlief, ist noch komplett erhalten.

Wieder einmal suche ich die Rezeption, diesmal mit immer größer werdendem Unmut. Da spricht mich ein freundlicher Herr an: Wohin ich denn wolle?

»Ich suche die Rezeption, aber ich verliere immer wieder die Orientierung«, ist meine Antwort.

»Darf ich Ihnen helfen?!« bietet sich der Herr an, der mir in seinem bescheidenen Auftreten auf Anhieb sympathisch ist. Wahrscheinlich ein Gast, der schon länger hier wohnt und sich die Gänge genau eingeprägt hat, denke ich. Obwohl er in seinem Aussehen und mit seiner Kleidung (wie ich) nicht ganz der mondänen Klientel entspricht, die man in diesem Haus erwarten darf. Nicht besonders groß, stark ergraut, graue Jeans, grünkariertes Hemd mit offenem Kragen, taubenblaues Jackett. Nichts Mondänes...

Wir haben gemeinsam die Rezeption gefunden und bleiben dort nebeneinander stehen, während ich auf meine Kollegen warte. Zeit für Small Talk.

»Wo kommen Sie her«, ist meine erste Frage.

»Aus Sardinien«, lautet die Antwort.

»Und wie finden Sie das Haus hier«, frage ich jovial-neugierig.

»Ansprechend, ich bin ja schon länger hier!« Also habe ich das richtig eingeschätzt: ein Langzeitgast. Dass er sich das leisten kann...

»Und wie sind die Leute hier so? Wie ist der Service?«

»Ganz gut, wir geben uns auch große Mühe.« Wir? Also doch kein Langzeitgast. Wusste ich doch, dass der sich das auch gar nicht leisten könnte. Ein Angestellter.

»Arbeiten Sie hier?« frage ich erstaunt und gehe in Gedanken die Jobs durch. Liftboy? Zu alt. Rezeption? Zu bescheiden. Kellner? Hätte ich doch schon mal sehen müssen.

»Ja, schon seit 2008,« wird meine Gedankenkette unter-
brochen.

»Und, zufrieden mit dem Job?« frage ich und merke
selbst, dass meine Jovialität ziemlich aufgesetzt wirken
muss.

»Ja, sehr!«

»...und was ist Ihr Job?« frage ich, eigentlich mehr aus
Höflichkeit als aus Interesse.

»Ich bin der General-Manager.«

[2017]

Verwirrend mit seinen vielen Stockwerken und dem Garden Wing: Belmond
Reid's Palace auf Madeira

Testurteil »Nicht feuersicher!«

Wie ich in Wien mit einer Hotelinspektion auflaufe

Eine aufgeschlagene Akte liegt auf meinem Schreibtisch, als ich mein Büro in der Redaktion der Zeitschrift »test« betrete. Es ist das Protokoll unserer Inspektion des Hotels »Am Augarten« in Wien. »Nicht feuersicher!« ist mit Rotstift vermerkt. Die Inspektion ist zwei Wochen her. Gerade habe ich mit Schrecken im Autoradio die Nachricht gehört, dass in diesem Hotel ein verheerender Brand mindestens 20 Menschenleben gefordert hat.

Seit mehreren Jahren führt die Stiftung Warentest weltweit Inspektionen von Urlaubshotels durch, dies zum Teil in Zusammenarbeit mit anderen europäischen Verbraucherorganisationen. Wir haben gemeinsam ein Bewertungssystem und einen entsprechenden Fragebogen ausgearbeitet. Dieser Fragebogen ist kürzlich erweitert worden, und zwar um den Bereich »Feuersicherheit«. Denn wir hatten festgestellt, dass es um diesen Punkt in zahlreichen Hotels schlecht bestellt ist. Da können wir keine Fluchtwege ausmachen, Notausgänge sind verstellt, Hinweisschilder fehlen...

Beim Hoteltest in Wien fiel uns das Hotel »Am Augarten« besonders negativ auf. Deshalb verabredeten ein Vertreter unserer österreichischen Schwesterorganisation, Verein für Konsumenteninformation, und ich einen Termin mit einem hohen Beamten, der für den Brandschutz in dem entsprechenden Bezirk zuständig ist. Der machte allerdings kurzen

Prozess mit uns: Er sprach uns jede Kompetenz ab und verwies auf regelmäßige Hotelkontrollen. Nach wenigen Minuten standen wir wie begossene Pudel wieder draußen.

Szenenwechsel: Die Redaktion eines kritischen Verbrauchermagazins des ORF-Fernsehens hat mich eingeladen, um über die Hotelinspektion und die schrecklichen Folgen das Brandes zu berichten. Achteinhalb Minuten lang umkreist mich die Kamera, während der in Österreich sehr prominente Moderator mir wie mit einem Maschinengewehr abgeschossen in hoher Taktfolge eine Frage nach der anderen stellt.

»Wie kamen Sie zu dem Schluss, dass in dem Hotel Feuersicherheit nicht gewährleistet ist?«

»Haben Sie mit dem Hoteldirektor darüber gesprochen?«

»Wie hat der kontaktierte Beamte der Bauaufsicht reagiert?« Die letzte Frage lautet:

»Wie schätzen Sie den Beamten ein?« Mir rutscht die krasse Antwort heraus: »Er ist ein Ignorant!«

Ein Interview im Zorn

Das Interview, in dem ich recht aufgebracht wirke und immer zorniger werde, wird ungekürzt eine Woche später in eine Livesendung zum Brand im Hotel »Am Augarten« eingespielt. Auch zu dieser Sendung bin ich wieder eingeladen. Mittlerweile steht fest, dass es 25 Tote gegeben hat. Dramatische Szenen haben sich abgespielt. Beispielsweise ist eine Frau aus einem Fenster im ersten Stock in den Tod gesprungen.

Feuerwehrleute kommen in der Sendung zu Wort, städtische Beamte, Brandschutz-Experten. Einige bilden eine starke Front gegen meine Aussagen und sprechen den »test«-Hotelinspektoren jegliche Kompetenz ab, Feuerschutzmaßnahmen richtig einzustufen. Und schließlich sei kein einziger der toten 25 Hotelgäste in seinem Zimmer verbrannt, so wird argumentiert, sondern alle seien dem toxischen Brandrauch zum Opfer gefallen. Zudem sei die Feuerwehr zu spät alarmiert worden.

Wie viele Lügen und Schutzbehauptungen den Fernsehzuschauern trotz der kritischen Fragen des Moderators aufgetischt worden sind, erfahre ich erst in privaten Gesprächen nach der Sendung. Da sind alle Kameras schon ausgeschaltet, und kein Mikrofon ist in der Nähe...

[1979]

Ein Kreter wie aus dem Bilderbuch

„Ich werde Sie bescheißen!"

Die Tricks des Souvenirhändlers Russetos

Er ist lästig wie eine Schmeißfliege und listig wie ein Apache auf dem Kriegspfad. Aber niemand kann Russetos so richtig böse sein. Der Souvenirhändler aus Tzermiado, dem Hauptort der Lassithi-Hochebene auf Kreta, betreibt dort gleich vier Läden. Einen für seine Mutter, den zweiten für seine Schwiegermutter, einen weiteren für seine Frau und den vierten für sich selbst.

Dies hat den Vorteil, dass eine Ware, die in einem Geschäft ausgegangen ist, schnell aus dem andern herbeigeschafft werden kann. Das gilt auch für das Wechselgeld. Russetos, Selfmade-Marketinggenie, hat die Läden an strategisch günstigen Stellen des Städtchens positioniert – zum Beispiel dort, wo Touristen normalerweise nach dem Weg fragen oder auf einen Kaffee Station machen.

Sein eigenes Geschäft liegt dort, wo der Weg zur Trapezahöhle abzweigt. Diese liegt versteckt im grünen Hügelgelände in der Nähe des Ortes. Hat man erst einmal den nur einen Meter breiten Eingang gefunden, ist in der kleinen Höhle kein Führer erforderlich. Und mit einer Taschenlampe – die ohnehin bei jedem Kreta-Urlaub im Handgepäck dabei sein sollte, weil so viele Höhlen und Begräbnisstätten zu besichtigen sind (und ab und zu der Strom ausfällt) – ist man gut bedient. Dennoch schwatzt Russetos den neugierigen Ausflüglern einen Höhlen-Führer auf, meist einen Jungen aus der Nachbarschaft. Und er dreht den Besuchern dünne Kerzen an, damit man in der Höhle etwa sehen könne. Was man über die Höhle wissen sollte, deren Stalaktiten je nach Beleuchtung und Fantasie tier- oder menschenähnliche Gestalt annehmen können, weiß ein so junger Führer ohnehin nicht zu erzählen. Die Höhle war Nekropole, also Begräbnisstätte einer nahegelegenen minoischen Siedlung. In ihr wurden über Jahrhunderte Tote bestattet. Ob sie auch eine minoische Kultstätte war, ist umstritten.

Ein Fan des HSV

Vor sich hin dösend sitzt Russetos auf einem Klappstuhl vor seinem Laden. Plötzlich ist er hellwach, denn ein Urlauber-Mietwagen kommt die Straße entlang. Als das Auto hält, umkreist Russetos es mit Adlerblick, öffnet die Beifahrertür und bittet die neue Kundschaft in seinem Laden. Dort preist er in einem Kauderwelsch aus Englisch, Deutsch und Griechisch seine Schätze an. Immer wieder betont er, dass seine Waren wesentlich billiger seien als in anderen Souvenirgeschäften. Was definitiv nicht stimmt.

Hat er deutsche Kunden vor sich, behauptet er, ein Fan des HSV zu sein und weist auf ein uraltes Bild des Vereins an der Wand. Russetos fackelt nicht lange, sondern behängt seine Kunden mit Decken, Pullovern und Jacken. Wer dieser Verkaufsoffensive widerstehen will, braucht Stehvermögen. Auf alle Ausreden hat Russetos eine Antwort, und wenn jemand in der Tat zu wenig Geld bei sich hat, gibt er großzügig Kredit. »Zu Hause zahlen!« ruft er dann und kritzelt seine Kontonummer auf ein Blatt Papier. Mir erzählt er, dass ihm noch kein Kunde das Geld schuldig geblieben sei.

Russetos hat noch mehr Tricks auf Lager. Wenn allzu viele Mietwagen an seinem Geschäft vorbeifahren, greift er zu einer List. Mit einem Brief in der Hand stürzt er sich auf ein Urlauberauto. Die Aktion ist ungefährlich, denn in der Kurve vor seinem Laden muss jedermann langsam fahren. »Sie Deutsche?« ruft er, »hier Brief aus Deutschland. Ich kann nicht lesen…«

Wer kann dem widerstehen. Schließlich ist man im Urlaub und nicht im Stress, und da fällt es leichter, sich hilfsbereit zu zeigen. Wenn die Urlauber ihm in seinen Laden folgen, um den Brief zu übersetzen, verrät Russetos lachend seinen Trick. Und jedermann lacht mit. Wie der schlaue Händler mir stolz verrät, kaufen die auf diese Weise gewonnenen Kunden besonders viel.

Russetos: »Das funktioniert immer«

Neuerdings hat er sich einen neuen Trick ausgedacht. Skeptischen Urlaubern versichert er auf Deutsch, jedes Wort betonend: »Ja, ich werde Sie bescheißen, wie Sie noch nie in ihrem Leben beschissen worden sind.« Dabei lacht er, und die Kunden lachen verlegen mit, sind auf der Hut – und kaufen. »Das funktioniert immer«, sagt Russetos stolz.

Zahlreiche Frauen und Mädchen arbeiten für ihn in Heimarbeit und häkeln und stricken. Ihnen diktiert der Händler die Abnahmepreise und verdient gleich zweimal. Denn zu seinem kleinen Imperium gehört noch ein weiterer Laden, in dem die Frauen nicht nur ihre Lebensmittel kaufen, sondern auch die Wolle, die sie verarbeiten und nicht zuletzt die Farbe, mit der die Wolle eingefärbt wird. Aber nicht mehr alles, was von Russetos als Wolle angeboten

wird, besteht wirklich aus Wolle. Synthetische Fasern sind
längst bis in die Lassithi-Ebene vorgedrungen.

[1981]

Russetos

Seifenstücke mit Autogramm

Der »Teufelsgeiger« war ein Vermarktungsgenie

Den Nationalhelden Norwegens werde ich heute kennenlernen, verspricht mir die Reiseleiterin in Bergen. »Edvard Grieg? In dessen Haus war ich schon.« Grieg ist ja schließlich ein Muss für jeden Bergen-Touristen. »Nein, ich meine Ole Bull.« Ole wer? »Ole Bull. Den Musiker«, sagt sie, spricht das aber aus wie »Uhle Büll« – Norwegisch halt.

Auf dem Weg zum Bus schnell gegoogelt. Also: Der Mann war Violinspieler und Komponist und lebte von 1810 bis 1880. Im Wiener Bezirk Favoriten ist sogar eine Gasse nach ihm benannt.

Die Fahrt von Bergen, Norwegens zweitgrößter Stadt, bis in den Lysøenfjord ist nur kurz. Der Bus hält an einer Anlegestelle, von wo uns das kleine Personenschiff »Ole Bull« in wenigen Minuten zur Insel Lysøen bringt. Und dann kommt sie schon bald in Sicht, die Märchenvilla aus grau gestrichener Kiefer, die sich der damals schon weltberühmte Musiker 1873 errichten ließ.

Der Stilmix ist abenteuerlich, aber nicht ohne Geschmack. Neben einem russischen Zwiebelturm führt eine Treppe auf einen Balkonvorbau, in dem sich venezianische und indische Stilanklänge mischen. Ole Bull selbst sprach angesichts der vielen maurischen Stilzitate von »meiner kleinen Alhambra«.

Im Innern des Hauses, das von einem Konzertsaal dominiert wird, beruhigt sich das Stilgemisch keineswegs. Glas-
malereien aus Deutschland, Kamine im italienischen Stil,
norwegische Holzschnitzereien, ein Ohrensessel, Lüster,
viele Kerzenständer – das alles vermischt sich zu einem durchaus anheimelnden Gesamtbild. Die Sommerwoh-
nung des Komponisten erscheint mir sofort vertraut. Und
ich habe den Eindruck, Ole Bull habe sie erst vor ein paar
Minuten verlassen.

Die Märchenvilla kann bis in den Herbst hinein im Rahmen von Führungen besichtigt werden. Die Führungen sind
von erstaunlich hohem Niveau. Eine junge Norwegerin be-

richtet in einem fast poetisch anmutenden Englisch von Ole
Bulls wildem, ja wüstem Leben, das am 5. Februar 1810 in
Bergen begann.

Schon mit neun Jahren aufgetreten

Die musikalische Begabung wurde ihm in die Wiege gelegt. Schon mit neun Jahren trat der kleine Ole als Violinso-
list in der Bergener Orchester-Vereinigung Harmonien auf.
Seine Eltern wollten, dass er Theologe würde, aber er bestand die Aufnahmeprüfung zum Studium nicht.

Flugs gründete Ole ein Theaterorchester, und dann ging's
mit seiner Karriere bergauf. 1831 hörte er in Paris Niccolò
Paganini – und imitierte seinen Stil. Auch er wurde zum
»Teufelsgeiger«. Robert Schumann, den er in Leipzig besucht hatte, hielt ihn denn auch für den »größten Geiger
nach Paganini«. Mit 25 begeisterte er seine Zuhörer bei einem Solokonzert mit dem großen Orchester der Pariser
Oper. 1836 und 37 gab er fast 300 Konzerte in Irland und
England.

1840 spielte er gemeinsam mit Franz Liszt in London
Beethovens Kreuzersonate. Nach dem Konzert war Liszt der
Überzeugung, einen solchen Geiger gebe es »kein zweites
Mal in Europa«. Der große norwegische Komponist Edvard
Grieg, dessen Heim Troldhaugen in Bergen zu den meistbe-
suchten Sehenswürdigkeiten in Norwegen gehört, ging in
seiner Verehrung für seinen Förderer Ole Bull noch weiter:
»Wenn seine rechte Hand meine berührte, war das wie ein
elektrischer Schock.«

Ole Bull war wohl auch ein Genie in der eigenen Vermarktung. Es ist überliefert, dass er Konzertbesucherinnen dafür bezahlte, bei seinen Auftritten in Ohnmacht zu fallen, damit er sie – kurze Konzertunterbrechung! – höchstpersönlich mit seinem Riechfläschchen wieder zurück ins Bewusstsein holen konnte. Schon früh ließ er eine Biografie verfassen und zu Werbezwecken verteilen. Und im Amerika-Gepäck hatte er angeblich Seifenstücke mit Autogramm.

Nur zehn Werke bekannt

Ole Bull reiste unglaublich viel. Es waren insgesamt fünf Tourneen, die ihn quer durch die USA führten. Er spielte auch eigene Kompositionen. Ole Bull soll mehr als 70 Werke komponiert haben, nur zehn davon sind heute bekannt. Zwei seiner Konzerte für Violine und Orchester wurden erst im letzten Jahrzehnt wiederentdeckt und erst vor zehn oder zwölf Jahren zum ersten Mal auf Tonträger eingespielt.

Aus Amerika brachte Ole Bull seine zweite, sehr junge Frau namens Sara Thorp mit auf seine kleine Insel. Sie war es auch, die auf dem Harmonium Mozarts Requiem spielte, als Ole Bull in seinem Haus auf Lysøen 1870 an Krebs starb. Das Harmonium steht heute noch dort. Denn seine Witwe Sara, die mit der gemeinsamen Tochter Olea noch viele Sommer auf der Insel verbrachte, ließ das Inventar unangetastet. Auch die nur 0,7 Quadratkilometer große Insel, auf der Bull Spazierwege von insgesamt 13 Kilometern Länge anlegen ließ, blieb unverändert. Bulls Nachfahren ließen lediglich einen 76 Meter hohen Aussichtsturm errichten. 1973 machte Ole Bulls Enkelin Sylvea Bull Curtis Insel und Haus der

»Vereinigung zur Bewahrung norwegischer Kulturschätze«
zur Schenkung. Heute ist die Villa ein gesetzlich geschütztes
nationales Kulturdenkmal.

Zwei Gründe, die nichts mit der Musik zu tun haben, tragen ebenfalls zu Ole Bulls Status als Nationalheld bei. Er
setzte sich Zeit seines Lebens für eine eigenständige norwegische Kultur ein. 1814 war die Union mit Dänemark aufge-
löst worden, in der Norwegen jahrhundertelang von Dänemark dominiert worden war. Ole Bull gründete beispielsweise in Bergen das Norske Theater, an dem Theaterstücke
in Norwegisch aufgeführt wurden. Den jungen Dramatiker
Henrik Ibsen heuerte er dazu als Stückeschreiber und Regisseur an.

Hölzerne Burg »Nordjenskald«

Und da ist auch sein soziales Engagement. Ein Beispiel:
In Pennsylvania kaufte Bull 1852 ein 49.000 Hektar – 490
Quadratkilometer – großes Grundstück, auf dem er eine Ko-
lonie gründete, um armen Bauern aus Norwegen eine neue
Existenz zu bieten. Er etablierte vier Gemeinden mit den Namen »New Bergen«, »Oleana«, »New Norway« und »Val-
halla« und begann, so etwas wie eine hölzerne Burg zu
bauen, die er »Nordjenskald« nannte, aber nie vollendete.
Das Projekt scheiterte, weil die Siedler Probleme mit der Ro-
dung der waldreichen Grundstücke hatten und auch der Boden nicht fruchtbar genug war. Die Norweger zogen weiter
Richtung Westen.

All diese wundersamen Geschichten erzählt die junge
Norwegerin in Ole Bulls Haus. Kaum ist die Erzählung zu

Ende, erklingt hinter uns Engelsmusik. Ein großer, schwarz gekleideter Geiger kommt langsamen Schrittes in die Halle und spielt auf Bulls alter, kostbarer Guarneri ein Werk von Ole Bull. Ich weiß nicht welches, aber die Auswahl ist ja nicht groß. Guarneri-Geigen gehören zu den kostbarsten der Welt. Kein Wunder also, dass die Kustodin des Bull-Museums dem Geiger, kaum ist der letzte Ton verklungen, die teure Geige aus der Hand nimmt und in einem Tresor verschließt. Das Konzert geht weiter, dem Musiker wird eine zeitgenössische Violine übergeben. Wieder spielt er ein Werk von Ole Bull. Ich bilde mir ein, dass das neue Musikinstrument bei Weitem nicht so himmlisch klingt wie das historische...   [2013]

Time to say goodbye

Wieso meine Bahamas-Tickets verschwunden sind

Siedendheiß durchfährt mich ein Schrecken. Ich finde die Flugtickets nicht mehr, die ich brauche, um mein Inselhüpfen auf den Bahamas fortzusetzen. Jeden Quadratmeter meines Hotelzimmers suche ich ab – nichts. Der Papierkorb ist im Laufe des Tages geleert worden, und mit ihm verschwanden meine Tickets.

Auf meinen Reisen habe ich ein immer wiederkehrendes Ritual. Abends, wenn alle Arbeit getan ist, sehe ich alle Papierunterlagen durch und entsorge die, die ich bei meiner künftigen Arbeit nicht brauchen werde – Werbeunterlagen zum Beispiel, überflüssige Pressetexte oder Broschüren ohne einen Mindestgehalt an Informationen. Das habe ich auch gestern Abend so gehalten an meinem ersten Tag im Dunmore Beach Club auf Harbour Island. Drei Tage bin ich auf der Insel, übermorgen soll es weitergehen, erst mit dem Wassertaxi nach Eleuthera, dann mit dem Flieger nach Cat Island, später mit dem Flugzeug zurück nach Nassau. Auch der Voucher für das Wassertaxi ist futsch.

Über den Verlust der Tickets tröstet mich im Moment auch nicht die Tatsache hinweg, dass ich zu Gast in einem der schönsten Hotels bin, die ich auf allen meinen Reisen je gesehen habe. Dunmore Beach Club besitzt nur 16 kleine Cottages, die versteckt unter Palmen in einem dicht bepflanzten, grünen und »urwaldähnlichen« Terrain liegen. Die Cottages und auch das Haupthaus mit Lounge, Bar und

Restaurant sind mit kostbaren Rattanmöbeln, verspielten Lampen, vielen Kissen und echten Gemälden ausgestattet.

Ich erzähle mein Missgeschick abends dem Manager-Ehepaar. Sie ist eine zauberhafte Französin, er ein nicht weniger charmanter US-Bürger mit französischen Wurzeln. Sie haben mich zum Abendessen eingeladen. Diese Geste ist einer feinfühligen Reaktion der Hotelchefin entsprungen. Am ersten Abend sitze ich alleine an meinem Tisch und schaue auf das Meer, in (traurige) Gedanken versunken. Vor Kurzem haben meine Frau und ich uns getrennt, und diese Reise ist die erste, zu der ich mich danach fähig fühlte.

Wühlarbeit morgens um 5

Als aus den in Palmen versteckten Lautsprechern jetzt leise Andrea Bocellis »Time to say goodbye" erklingt, rollen bei mir die Tränen. Ich sitze so, dass dies niemand sehen kann. Aber die französische Managerin tritt von hinten an mich heran und flüstert: »Sei nicht traurig, morgen Abend bist du nicht alleine, dann isst du mit uns…«

»Morgen früh um 6 kommt die Müllabfuhr und leert die Container«, erklärt mir ihr Mann beim Abendessen, »vielleicht hast du Glück und findest vorher in den Containern deine Tickets!« Nächster Tag 5 Uhr morgens. Hundemüde suche ich auf dem Gelände die mannshohen Abfallcontainer. Zu meiner Verblüffung steht in einem der Container der Hotelmanager und wühlt und wühlt. »Die anderen beiden habe ich schon durchsucht und nichts gefunden«, erklärt er betrübt. Also bleibt es dabei, dass ich alle Tickets noch einmal kaufen muss… [1999]

Die glatte Fünf

Oman: das merkwürdige Spiel von Henrik und mir

Mein Enkel Henrik wird grummelig. »Mensch Opa, Du guckst in jeden Kinderwagen, und alle Kinder, die hier rumlaufen, findest du süß und guckst ihnen nach. Mann ist das peinlich...« Ich wehre ab: »Das stimmt nicht. Nicht jedes Kind ist nett, hier laufen auch ein paar garstige rum. Ich werd's Dir zeigen." Gesagt, getan.

Das ist jetzt eine zweite Testreise mit Henrik, der nun 15 ist. Die erste, auf der AIDAmar (s. Bericht »Wenn es riecht auf dem Kreuzfahrtschiff«, Seite 73), war ein Erfolg, den Henrik wiederholen will. Auch diesmal ist er wieder klug und raffiniert vorgegangen, um mich und schließlich auch den Reiseveranstalter vom Sinn dieser Reise zu überzeugen:

»Opa, gibt es nicht ein cooles Gebiet, das gerade sehr ‚in' ist?« Opa muss zustimmen: »Ja, der Oman, er ist dieses Jahr auch Partnerland der ITB Berlin, und ich habe schon sehr viel für die Messe Berlin über ihn geschrieben...« Als sich Henrik über den Oman schlaugemacht hat, hakt er nach: »Gibt es nicht einen Reiseveranstalter, der ein Interesse daran hat, dass der Oman noch bekannter wird?« fragt er. Und schiebt nach: »Ich meine natürlich einen mit richtig Power.« Auch da muss ich dem jungen Mann recht geben, auch diesen Veranstalter gibt es. Wir setzen uns mit ihm in Verbindung, erläutern unser »Test«-Konzept und werden in eine Hotelanlage im südlichen Oman eingeladen.

Henrik soll nach der Reise für die Pressestelle des Veranstalters einen Bericht darüber schreiben, was ihm am Land, an der Hotelanlage, am Arrangement der Reise gefallen hat und was er – mit den Augen eines Heranwachsenden betrachtet – ändern oder verbessern würde. Das Geschäft auf Gegenseitigkeit: Der Veranstalter darf Text und Fotos unserer Reise beliebig für seine Pressearbeit verwenden, und wir dürfen den Report anderen Medien anbieten.

Uns wurde völlige Bewegungs- und Interview-Freiheit zugesichert. Bisher wurde das Versprechen eingehalten, und bisher war die Reise nach Henriks Worten »die schönste meines Lebens« (abgesehen von einem New York-Trip mit seinem Papa).

Spaß und ein schlechtes Gewissen

Bis auf das Dilemma mit den Kindern. Ich beeile mich, Henrik ein Kind zu zeigen, das ich bei aller Kinderliebe, die bei mir sehr ausgeprägt ist, nicht »nett« finden würde. »Schau mal dahinten, der Junge mit dem bösen Blick«, sage ich (mit durchaus schlechtem Gewissen).

Nächste Opfer meiner Suche nach „nicht netten" Kindern sind etwa zehnjährige Zwillinge, denen das Nörgeln und Meckern schon fest ins Gesicht eingebrannt ist. »Geht doch, Opa«, lobt mich mein Enkel.

In der Erkenntnis, dass es sehr nette, nette, weniger nette, gerade noch so zu ertragende und garstige Kinder gibt, will Henrik Spannung in unser Spiel bringen: Wir klassifizieren die Kinder jetzt nach Noten von eins bis fünf. Eine Eins bedeutet: »Ok, ich bin nicht sauer, wenn Opa dieses Kind anlächelt.« Und eine Fünf: »Wären wir diesem nervigen Kind doch nie begegnet...« Das Spiel funktioniert, und wir haben großen Spaß. Mein schlechtes Gewissen steigt.

Am nächsten Tag schlägt Henrik vor, das Spiel auch auf Erwachsene auszudehnen (wobei er sich selbst natürlich als Einser-Kandidat einstuft).

Wir fahren Aufzug. Er wird voller und voller. Schließlich zwängt sich noch eine junge Frau hinein, die mich an Jean-Paul Belmondo erinnert: so faszinierend hässlich, dass ich immer wieder hinschauen muss. Es platzt aus mir laut heraus: »Das ist eine glatte Fünf!« Henrik und ich lachen uns schlapp, und mein schlechtes Gewissen ist durch nichts mehr zu übertreffen. [2020]

Ui – ist Testen anstrengend… Der Autor im Januar 2020 auf der Testreise mit seinem Enkel im Oman

Der Mops, der mich zu Arne führt

Künstler-Kosmos auf dem Bukkegård

Das muss er sein, der Mann, den ich suche, der Bildhauer Arne Ranslet. Ich weiß, dass fast jeder ältere Däne Deutsch spricht. Trotzdem habe ich mir angewöhnt, dies höflich zu erfragen, ehe ich drauflosrede: »Sprechen Sie Deutsch?« Und Arne Ranslet antwortet wie fast jeder ältere Däne auf diese Frage: »Ja, ein kleines bisschen...« Und dann: »Hast du schon den neuen Roman von Lenz gelesen? «

Es war eine lange Suche, bis ich zu Arne gefunden hatte. Ich bin dabei, die Insel Bornholm, die ich von mehreren Besuchen schon ganz gut kenne, im Detail zu erkunden. Denn ich recherchiere für einen Reiseführer, der im Verlag DuMont erscheinen soll. Da zeigt mir eine Freundin ein schmales Bändchen, das sie gefunden hat. Es ist vor Kurzem erschienen, heißt »Der Mops von Bornholm« und ist, so der Untertitel, »Eine Bildergeschichte von Emmanuel Eckardt«.

Die zauberhaft bebilderte Geschichte beginnt poetisch: »Bisher war er kaum bekannt, dass an der rauen Nordseite der kleinen Insel Bornholm, hoch oben über der Steilküste, unter dichten Sträuchern verborgen, in düsteren, geheimnisvollen Tälern und im Schatten gewaltiger Granitbrocken versteckt, eine erstaunlich große Anzahl wilder Möpse lebt.«

Das Buch passt fantastisch in meine Recherchen, und so habe ich Emanuel Eckardt, Chefredakteur von Merian, angeschrieben. In seiner Antwort machte er klar, dass durchaus auf Bornholm real existierende Personen in dieser Geschichte eine Rolle spielen. Und er empfahl mir, Arne Ranslet zu besuchen, einen Freund, der mir noch viel mehr erzählen könne...

Jetzt habe ich ihn gefunden. Wir mögen uns vom ersten Moment an. Und so lerne einen erstaunlichen Kosmos kennen. Arne wohnt mit seiner Frau, der Künstlerin Tulla Blomsberg-Ranslet, und zwei der drei Kinder auf einem über 200 Jahre alten Bauernhof, dem Bukkegård. Zur Familie gehört Veronica, das Hängebauchschwein, und – natürlich ein Mops.

Start bei Søholm

Arne Ranslet, Jahrgang 31, war einer der ersten Künstler, die sich nach dem Krieg auf Bornholm niederließen und Keramikkunstwerke von Rang schufen. Den Erfolg erreichte er auf Umwegen. So arbeitete er in den ersten Jahren als Techniker in der Keramikfabrik Søholm, wo er zuletzt technischer Leiter war. Unter anderem hat er in dem Werk, das damals noch mehrere hundert Mitarbeiter beschäftigte, bleifreie Glasuren entwickelt.

Das Wundersamste an den Gebilden aus seiner Hand sind nicht die Formen, obwohl auch sie alles hinter sich lassen, was an klassische Keramik erinnert, sondern die Glasuren. Der riesige Ölofen, den er mit seinen Werken beschickt, erzielt eine Temperatur von 1.400° C. Mit diesen Temperaturen und seinem Wissen um die Geheimnisse des Glasierens hat Arne Ranslet regelrechte Glasurbilder gemalt. Die Angaben zu einer Keramiklandschaft lesen sich dann so: »Weiße Steinzeugplatte mit Temmoku, Chün-Yao-Blau und weißer Feldspatglasur, Reduktionsbrand 1.400°c.« Sein Œuvre bevölkern auch Katzen, Hängebauchschweine und ein monumentaler, der biblischen Geschichte entlehnter Wal mit Jonas im Bauch. Er ist von den Ausmaßen her das größte Werk des Künstlers und hängt im Innenhof des Bukkegård.

Arne gießt seine Bronzen selbst

Beide Keramikkünstler haben die Grenzen, die ihnen der Werkstoff Ton setzt, längst überschritten. Tulla studierte Malerei, hängte dieses Studium aber vorübergehend an den Nagel, weil sich die Tätigkeit als Keramikerin leichter mit Mutterpflichten vereinbaren ließ. Inzwischen ist die Künstlerin längst zur Malerei zurückgekehrt. Auf Ausstellungen werden ihre expressiven Gemälde mit klaren Konturen und kräftigen Farben begeistert aufgenommen.

Auch Arnes Werke finden auf denselben Ausstellungen großen Anklang. Sein »Tubabläser«, der auf dem Harburger Marktplatz steht, sein »Rocker« und sein »Büokrat« sind Bronzeplastiken. Denn der Künstler hat sich seit 1980 diesem Werkstoff verschrieben. Er ist einer der wenigen Bildhauer, der seine Bronzen selbst gießt, daheim auf dem Bukkegård.

Was hat Arne seitdem für wundersame Bronzefiguren

geschaffen! Den lebensgroßen Rocker beispielsweise, der – einen Hotdog in der Hand hält. Oder eine alte Frau mit Sonnenbrille – und Maschinenpistole im Anschlag. Eine andere Frau, die sich beim Einkaufen, noch die Tasche im Arm, erschöpft hinsetzt – und stirbt. In dem Moment wachsen ihr Engelsflügel.

[1986]

Renrajd-Uwe und seine Rentiere

Lapplandlager Björkträsk im Tierpark Sababurg

Der bunteste Vogel im Tierpark Sababurg ist wohl Uwe Kunze. »Du kannst mich auch Renrajd-Uwe nennen«, sagt er. Renrajd ist der samische Begriff für den Zug der Rentier-Schlittengespanne. Mit seiner Firma Renrajd vualka – was so viel bedeutet wie »sich auf den Weg machen« – betreibt Uwe im Tierpark mit einer Rentier-Herde das nordische Lapplandlager Björkträsk. Das wiederum ist Schwedisch und heißt »Birkensumpf«.

Der Tierpark Sababurg zählt zu den ältesten Tiergärten Deutschlands. In seiner eigenen Werbung heißt es, er sei »der älteste, in seinem ursprünglichen Areal erhaltene«. Landgraf Wilhelm IV. hatte ihn 1571 sozusagen am Fuße seines Jagdschlosses Sababurg einrichten lassen. Dies allerdings nicht als Schautierpark, sondern als Jagdrevier. Damit das zu jagende Wild nicht Reißaus nehmen konnte, wurde das Gelände mit einer Mauer umgeben. Sie ist heute noch erhalten.

Der Tierpark wechselte mehrfach sein Aussehen und seine Bestimmung. Das markante Rondell und die sechs schnurgeraden Alleen wurden Ende des 17. und Anfang des 18. Jahrhunderts angelegt. Heute lockt der Tierpark Sababurg Besucher mit 80 Tierarten an, darunter Wölfe, Wisente und Wildpferde, Fische und Vielfraße, Rotwild und eben Rentiere.

Rentiere wollte schon der Tierparkgründer besitzen, aber

das Experiment ging schief. Viele Tiere starben beim Transport, andere überlebten nicht lange im Tierpark. Beim zweiten Versuch ging man raffinierter vor und ließ die 24 gekauften Rentiere von einer jungen, aber in der Rentierzucht schon erfahrenen Frau begleiten und betreuen. Zwei Jahre war der Treck unterwegs, bis er im Tierpark eintraf. Die Samin aus Uppsala blieb dort und lebte mit den Rentieren, bis das letzte an Altersschwäche gestorben war. Dann ging sie zurück in ihre Heimat. An der Rotunde wurde ihr ein Denkmal gesetzt.

Uwe Kunze ist 65, sieht aber eher aus wie ein junggebliebener Hippie als dass er dem Klischeebild eines deutschen Rentners entspricht. Mit von der Partie im Björkträsk ist »Brigitte aus der Schweiz, mit der ich seit 40 Jahren verheiratet bin und mehrere Kinder habe« (Uwe).

Wurzeln bis ins Rentierzuchtgebiet

Seine Wurzeln reichen bis in das südsamische Rentier-zucht-Gebiet von Schweden, und so bringt er den Besuchern im Birkensumpf nicht nur das Leben der Rentiere näher, sondern auch die Kultur der Samen. Bei Uwe und Brigitte können Besucher auch Produkte aus Lappland kaufen, zum Beispiel getrocknetes Rentierfleisch, Felle von Rentieren o-der Messer aus Rentierhorn. Rentiere sind übrigens die einzige Hirschart, bei der männliche und weibliche Tiere Geweihe tragen. Uwe demonstriert, wie schwer so ein abgeworfenes Geweih ist.

Die Rentiere im Tierpark tragen köstliche Namen wie Sirkka und Aaeva, Neele, Ylla oder Jäppe. Sie sind zahm, friedlich und zutraulich. Besonders neugierig scheinen sie nicht zu sein. Wenn sie Besucher wie mich zur Kenntnis genommen haben, wenden sie sich wieder ihrer Hauptbeschäftigung zu: dem Fressen von weißer Rentierflechte. Ihr Tagespensum: zwei Kilo.

[2017]

Uwe Kunze

Tabus? Welche Tabus?

OB Boutaris krempelt Thessaloniki um

Von Konventionen hält Giannis Boutaris recht wenig. Der über 70-jährige Bürgermeister von Thessaloniki, drahtig und fit wie ein Turnschuh, macht
sich auch nicht viel aus Journalisten. So gerät die Inter-
viewstunde mit ihm zu bester Unterhaltung.

»Es macht Ihnen doch nichts aus, wenn ich rauche!« sagt
er zu Beginn der Stunde. Das ist eine vollkommen rhetori-
sche Frage, denn er hat seine Zigarette längst angezündet.
Kettenrauchend steht er Rede und Antwort, dies allerdings
in bemerkenswerter Offenheit. Bürgermeister-Empfänge
auf Pressereisen sind sonst meist qualvoll, weil die Amtsver-
treter gerne Fensterreden halten und auf brennende Fragen
der Journalisten nur selten eingehen.

Giannis Boutaris macht genau das Gegenteil, und dies
mit wirklich nicht zu übersehendem und zu überhörendem
Selbstbewusstsein. Schließlich stammt er aus einer berühmten Winzerfamilie. Das 1879 gegründete Unternehmen Boutaris, das er jahrelang geleitet hat, besitzt sieben Weingüter.
Im Land gibt es kaum ein Restaurant, das nicht einen der
vielen Boutaris-Weine auf der Karte hat. Seine Bekanntheit
und sein Geld haben ihn mit Sicherheit bei der Verwirkli-
chung seiner Aufgaben geholfen. »In der griechischen Poli-
tik hilft es immer, reich zu sein«, sagt er.

Als er antrat, hatte Thessaloniki ein europaweit bekann-
tes Müllproblem, das als unlösbar galt. Boutaris: »Das ist

nun weg.« Das war schwerer getan als gesagt, denn sich an die Reform der Müllabfuhr mit ihren 1.500 Mitarbeitern zu wagen, galt jahrzehntelang in der Stadt als tabu. Ein weiteres Hauptproblem ist der Verkehr. Mit dem Bau der Metro hat die Stadt vor fünf Jahren begonnen, aber das wird laut Boutaris »noch fünf Jahre dauern«. Problem Nummer drei ist die Arbeitslosigkeit.

Kann der Tourismus aus diesem Tal heraushelfen? »Saloniki ist eine Stadt, die keiner kennt«, bedauert der Bürgermeister. Künftig will er nicht nur in Deutschland um Gäste werben, sondern auch in der Türkei und in Israel. Immerhin gehörte die Stadt bis 1912 zum Osmanischen Reich, Kemal Atatürk wurde in Thessaloniki geboren. Dass der Bürgermeister Türken als künftige Gäste umgarnt, ist für viele Griechen heute immer noch ein Tabu. Und dass in der Stadt vor dem Krieg einmal 50.000 Juden – fast die Hälfte der Bewohner – lebten und nur 1.500 dem Holocaust entgingen, ist nicht im öffentlichen Bewusstsein verankert.

»Die Stadt schläft nie«

Boutaris zündet sich eine neue Zigarette an der alten an und zählt auf: In der Stadt gibt es 31 Museen, darunter auch ein Museum der Gegenwartskunst mit der weltweit zweitgrößten Kollektion russischer Kunst. Und über 100 Monumente sind in der Stadt mit ihrer fünf Kilometer langen Wasserfront zu bestaunen. In diesem Punkt vergleicht Boutaris die Stadt mit Istanbul und Wien.

Neue Zigarette, neues Thema: »Die Stadt schläft nie, sie wird von jungen Leuten geprägt.« Griechenlands zweitgrößte Stadt hat mehr als 100.000 Studenten – fast ein Drittel der Stadtbevölkerung. »Für Besucher ist es wichtig, den Geist der Stadt mitzubekommen«, sagt Giannis Boutaris dann und verlässt den Raum. Er lässt keinen Zweifel daran, dass er fest entschlossen ist, weiter am laufenden Band Tabus zu brechen.

[2015]

Vor dem Weißen Turm in Thessaloniki. Er hat seinen Na-
men behalten, obwohl die 1912 angebrachte Tünche längst
abgeblättert ist. Der im 15. Jh. errichtete Turm war schon
„alles": Befestigung, Kaserne, Gefängnis. Heute ist dort
das Museum für Byzantinische Kultur untergebracht.

Horst kommt!

Als er da ist, findet niemand seine Reservierung

Ob Christos mich vergessen hat? Er ist einer der flei-
ßigsten griechischen Touristiker, die ich kenne.
Unermüdlich reist er herum und wirbt für das kretische Luxushotel Daios Cove. Als er von meiner Dienst-
reise nach Kreta hörte, lud er mich spontan ein, ein paar
Tage in diesem Hotel Station zu machen. Aber nun will
niemand hier eine Reservierung finden.

Ich kann nicht klagen. Die jungen Damen an der Rezeption, die die Reservierung suchen, geben sich alle Mühe und
sind wirklich freundlich, gar herzlich. Leider hat mir Christos keine Reservierungsbestätigung geschickt.

Ein wenig muss ich lächeln, denn die jungen Damen haben alle dasselbe Problem. Sie tragen offensichtlich Stütz-
strümpfe. An denen klettert bei jedem Gang der Saum der
Dienstkleider hoch und höher. Und so stehen sie da und
zupfen unentwegt am Saum ihrer Kleider, während sie mit
mir reden.

Schon bei der Sicherheitsschleuse oberhalb des Hotels,
das sich im großen Bogen den Hang zum Meer hinunter er-
streckt, will man mich nicht passieren lassen – weil mein
Name nicht registriert ist. Nur durch Einreden wie auf einen
lahmen Gaul gelingt es mir, einen Mann der Security davon
zu überzeugen, mit mir zur Rezeption zu fahren und dort
den Sachverhalt aufzuklären.

Aber es lag ja offensichtlich wirklich keine Reservierung

vor. Immer wieder erkläre ich den Hotelmitarbeiterinnen meine Geschichte. Ja, ich bin von Christos eingeladen. Nein, ich habe keine Reservierungsbestätigung. Ja, Christos wollte sich um die Reservierung kümmern. Der aber hatte an meinem Ankunftstag frei, wie er mir schon bei der Einladung verraten hatte. Weder den Damen noch mir gelingt es, ihn telefonisch zu erreichen.

Ich bleibe gelassen, denn was kann mir schon passieren? Im schlimmsten Fall fahre ich zurück und suche mir irgendwo anders eine Übernachtungsmöglichkeit. Ich setze mich in der Halle in einem bequemen Sessel und lasse die Damen weitersuchen... Auf einmal kommt eine von ihnen und fragt:

»Heißen Sie Horst?«

»Ja«, sage ich, »ich habe Ihnen doch meinen Namen genannt: Horst Schwartz.«

»Dann haben wir Ihre Reservierung gefunden!« Sie hatten eine Notiz von Christos entdeckt, auf der steht: »Horst kommt!«

[2013]

Der Ring im Sand

Szenen einer Ehe auf Skiathos

Die Insel ist unser ganz persönliches Paradies. Immer wieder zieht es uns in den Ferien nach Skiathos, einem nur elf mal fünf Kilometer kleinen griechischen Eiland, das zu den Nördlichen Sporaden gehört. Jeden Tag nehmen wir den stets überfüllten Bus hinauf in den Norden zum Banana-Strand. Dort baden alle nackt.

Unter den weit über 60 (!) feinen Sandstränden der bewaldeten Insel gibt es noch ein paar weitere Nacktbadestrände, doch dieser ist der schönste. Und der friedlichste. Tamarisken, die bis zum Strand heranreichen, geben Schatten. Wie gesagt: ein Paradies.

»Kannst du bitte meinen Ring nehmen«, sagt meine Frau, ehe sie sich in die Fluten stürzt. Das ist ein sich täglich wiederholender Vorgang. Der Ehering hat zu viel Spiel am Ringfinger, das sollte sie mal ändern lassen. Ihre Ermahnung, auf den Ring gut aufzupassen, empfinde ich als höchst überflüssig.

Ich döse im Sand, genieße es, von der Sonne beschienen zu werden, lasse mich davonträumen. »Da bin ich wieder«, weckt mich meine Frau. Das Wasser glänzt auf ihrer Haut. Lachend beginnt sie, sich abzutrocknen. Sie ist glücklich.

»So, gib mir den Ring«, fordert sie, als sie fertig ist. Welchen Ring? Ach ja, ihren Ehering. Mir wird glühend heiß. Der Ring ist weg!

Mit wachsender Verzweiflung beginnen wir, im Sand nach dem Ehering zu suchen. Immer mehr nackte Urlauber beteiligen sich an der Suche und graben mit den Händen im Sand, den Po gen Himmel gereckt. Wenn es nicht so traurig wäre, müsste ich lachen.

Mir kommen die Tränen. Der Ring bleibt im Sand verschwunden.

[1989]

Thomas Bernhards Theaterkulisse

Nachbar Maxwald: »Er ist nicht der Finstere«

Hier hat er also gewohnt, der österreichische Schriftsteller Thomas Bernhard, dessen Werke ich seit Kurzem verschlinge und die mich gleichermaßen faszinieren wie irritieren. »Er ist immer nur zu kurzen Besuchen hergekommen«, klärt mich mein Gesprächspartner Dr. Peter Fabjan auf, der sieben Jahre jüngere Bruder des berühmten Autors. Das erklärt auch, warum der 700 Jahre alte Vierkanthof im oberösterreichischen Obernathtal mehr wie eine Theaterkulisse wirkt als eine Wohnstätte.

Neben dem Vierkanthof, der heute so etwas wie eine Thomas-Bernhard-Gedenkstätte ist und auf dem hochkarätige Kulturveranstaltungen stattfinden, besaß der weit über Österreich hinaus bekannte Schriftsteller noch mehrere Höfe und Wohnungen. Das historische Gebäude in Obernathtal sollte nach eigenem Bekunden sein »Denk- und Schreibkerker« sein, aber geschrieben hat er meist auf Reisen, besonders viel in Jugoslawien.

Wir machen einen Rundgang durch das Haus, dessen Wohntrakt nach Bernhards Tod unverändert geblieben ist. Im Schlafzimmer hängt ein von ihm selbst gemachtes Foto von Hedwig Stavianicek, seiner langjährigen Vertrauten, die er seinen »Lebensmenschen« nennt. Das Speisezimmer vermittelt den Eindruck, dass es so gut wie nie benutzt wurde. Im Teezimmer finden sich Weingläser aus Spanien, Kaffee-

tassen aus Istanbul, ein Teeservice aus Portugal – Theaterkulisse halt. Intimere persönliche Gegenstände gibt es auf
dem Hof nicht. Kleider und Schuhe hat sein Bruder »abge-
geben nach Jugoslawien, wo er so gerne in Urlaub war«.

Als Thomas Bernhard den Hof 1965 kaufte, hatte auf dem
Altenteil eine betagte Bäuerin noch Wohnrecht. Sieben Jahre
lebte sie gemeinsam mit Thomas Bernhard auf dem Hof.
Nachdem der Schriftsteller einmal während der Arbeit von
ihr gestört wurde, mauerte er die Verbindung zwischen den
beiden Wohnungen einfach zu.

»Meine Preise«: zu weit gegangen

Szenenwechsel. Ich bin beim Nachbarn Johann Maxwald.
Über die 24 Jahre, in denen sie Hof an Hof wohnten, hat
Maxwald 2002 das Buch »Mein Nachbar« geschrieben, das
im Eigenverlag erschienen ist und jetzt eine Neuauflage erfahren soll. »Das eingenommene Geld geht an die Dritte
Welt«, versichert Maxwald. Er wusste damals kaum Nähe-
res über Thomas Bernhard, nur dass er Schriftsteller ist.

Sie hätten eigentlich ein normales nachbarschaftliches
Verhältnis gehabt. Aber es gab Schwierigkeiten unter den
Nachbarn, weil Maxwald in unmittelbarer Nachbarschaft
eine Schweinezucht aufziehen wollte. Bernhard ging dagegen vor, und Maxwald erhielt für die Pläne, die er aufgeben
musste, eine Entschädigung.

Wenn Thomas Bernhard und er Probleme miteinander
gehabt hätten, so erzählt er weiter, »haben wir nicht miteinander gesprochen, sondern uns Briefe geschrieben – über
diese aber nicht geredet.«

Die beiden Männer haben sich nie geduzt. Aber Bernhard war laut Maxwald »nicht der Finstere, der aus seiner Literatur hervorgeht.« Allerdings habe ihn das postum erschienene Werk »Meine Preise« irritiert: »Für mich ist Thomas Bernhard da ein Stück zu weit gegangen...«

Oh, »Meine Preise« kenne ich noch nicht. Das werde ich nachholen, wenn ich meine Recherchenreise auf den Spuren von Thomas Bernhard beendet habe.

[2009]

Kahlschlag im Gellért

Friseurbesuch unter erschwerten Bedingungen

Meine Kollegin schlägt die Hände vors Gesicht. »Nein« ruft sie und noch einmal »Nein, das kann doch nicht wahr sein...« Entsetzt schaut sie mich an: »Wie siehst denn Du aus?« Und sie wendet sich kopfschüttelnd von mir ab, als wolle sie mit mir nichts mehr zu tun haben. Ich weiß nicht wie mir geschieht.

Da stehe ich nun wie ein begossener Pudel in der prächtigen Halle des Hotels Gellért in Budapest. Bis ich in einen Spiegel schaue und entsetzt bin: Meine fast schwarzen Locken sind allesamt fort, einfach abgeschnitten. Und die Haare rund um die Ohren sind ausrasiert, als müsste ich mich morgen zum Militärdienst melden. Ich könnte heulen vor Wut und Scham.

Zurzeit bin ich mit einem niederländischen Kollegenteam unterwegs. Bei den Gebiets- und Hotelrecherchen arbeitet die Stiftung Warentest mit Schwesterorganisationen aus Belgien, den Niederlanden, Großbritannien, Norwegen und Österreich zusammen. Die Untersuchungsergebnisse der Urlaubsgebiete und -Hotels werden gemeinsam ausgewertet und in den jeweiligen Verbraucherzeitschriften veröffentlicht. In meinem Fall also in der Zeitschrift »test«.

Das Hotel Gellért mit dem weltberühmten Bad ist ein imposanter Bau ganz im Stil der Secession. Es wurde 1918 am Pester Donauufer errichtet und hat schon viele Berühmtheiten unter den Gästen empfangen. Die aufwändige Inspektion des Hotels habe ich mit einem Besuch des Friseursalons im Souterrain verbunden, während meine niederländische Kollegin sich von den Strapazen im Hotelcafé erholte. Einmal in meinem Leben in einem Luxushotel zu einem Luxusfriseur gehen – das stellte ich mir wundervoll vor.

Während der Friseur, ein kleiner und wieselflinker Mann, mir die Haare wäscht, versuchte ich, mich zu entspannen. Das ist aber nicht ganz einfach, denn aus irgendeiner Ecke im Friseursalon plärrt die ganze Zeit ein Lautsprecher, und das in ziemlicher Lautstärke. »Sei nachsichtig!« sage ich mir, schließlich ist Fußballweltmeisterschaft im fernen Argentinien, und der Meister hier hört wahrscheinlich eine Reportage vom Spiel der ungarischen Mannschaft. Ich schließe die Augen und mache ein Nickerchen, bis der Meister sein Werk vollendet hat.

Erst jetzt in der Halle stelle ich den Kahlschlag fest. Ich stürme zurück zum Friseursalon, um dem Mann meine Meinung zu sagen. Da stellte ich fest, dass die ganze Zeit über nicht das Radio lief, sondern – ein Fernseher.

[1978]

Abenteuer Schieferdorf

Thomas Cölle beherzigt portugiesische Lebensregel

Es gibt Menschen, die sind mir vom ersten Augenblick an sympathisch. Thomas Cölle ist so einer. Wie er da vor mir steht, einem Hippie vergangener Zeiten nicht unähnlich: schulterlange Haare, offene, sensible Gesichtszüge, ein Band um den Schopf, Dreitage-Bart, randlose Brille. Unaufgefordert erzählt er äußerst lebhaft aus seinem Leben. Seit 35 Jahren lebt er in Portugal, weil er »die Zivilisation in Deutschland und in anderen westlichen Ländern dekadent« findet.

Ein Aussteiger also. Thomas Cölle, 64 Jahre alt, mag diesen Begriff nicht besonders. Er bezeichnet sich selbst lieber als »Abenteurer«. Einmal hat er es noch versucht mit seiner Heimat Deutschland, vor ein paar Jahren und der Liebe wegen. Aber er ist darüber krank geworden. Thomas Cölle drückt sich da sehr gewählt aus: »Die Symptome des Erwerbsstrebens sind es, die mich krank gemacht haben« und »Der Körper hat mir damals gesagt: Das ist falsch.« Seitdem lebt er wieder in der Natur »am Ende der Welt«, wie er es formuliert.

Das Ende der Welt ist in diesem Fall Fajão, eines der 24 sogenannten Schieferdörfer in Zentralportugal. Sie haben ihren Namen vom Material, mit dem dort die Häuser erbaut sind und auch die engen Straßen. Dort habe ich Thomas Cölle mehr oder weniger zufällig getroffen. Er besitzt hier einen ziemlich großen Hof mit dem Namen Quinta das Águias, was so viel heißt wie »Landgut der Adler«. Die 35

Hektar Land sind steinig und steil. Das ist also kein leichtes Leben für die Selbstversorger, die auf dem Hof leben.

Früher bevölkerten 150 Ziegen den Hof, und die Käserei brachte einiges Geld ein. 2012 hat Thomas Cölle die Ziegen aufgegeben, weil der Staat seine Subventionen eingestellt hat. »Aber es gibt einen portugiesischen Grundsatz«, erklärt der gebürtige Bremer, »nämlich dass man immer auf zwei

Füßen stehen muss«. Bei Thomas Cölle, dem Abenteurer, sind's noch mehr Standbeine. Er baut Kartoffeln an und hat Nussbäume. Und als gelernter Schreiner betreibt er eine Tischlerei: »Das mache ich kompromisslos und verarbeite nur Massivholz.«

Töchterchen Sophia ist das neunte Kind

Reich wird Thomas Cölle dabei nicht. »Ich lebe von 200 bis 300 Euro im Monat«, sagt er, »aber hier muss keiner verhungern«. Und er habe immer eine offene Tür. »Ich sitze mit den ärmsten Leuten am Tisch«. Aber er könne »keine Leute akzeptieren, die sich auf die Matte legen«.

Ein Stegreifgespräch, das mir zu denken gibt. Um das Glück der Stunde voll zu machen, wuselt Sophia um uns herum, die kleine Tochter von Thomas. Sie ist ein Jahr alt oder anderthalb, das neunte seiner Kinder. Ein rosa Hütchen auf den rotblonden Haaren, blaue Augen, rote Pausbäckchen. Sie strahlt mich an, dass mir warm ums Herz wird. Es gibt Menschen…

[2019]

Thomas Cölle

Der Blick in die Ewigkeit
Aus Zufallsfund wird Weltsensation

Ernst sieht mich Jannis Sakellarakis an. »Ich habe die Ewigkeit gesehen!« sagt er. Auf seinem Gesicht spiegelt sich etwas von der Ergriffenheit, die ihn bewegt haben muss, als er mit seiner Frau Efi eine archäologische Sensation ausgrub. Sie machte ihn weltberühmt. Aber eigentlich war die Ausgrabung nur einem Zufallsfund zu verdanken.

An einem Sommernachmittag des Jahres 1979 unternahm seine Frau, in Griechenland ebenfalls als Archäologin sehr bekannt, mit Studenten einen Ausflug zum Hügel Anemospilia am Fuß des Bergs Jouchtas auf Kreta. Dabei machte die kleine Gruppe einen interessanten Oberflächenfund: ein Doppelhorn aus Kalkstein. »So etwas ist für uns alltäglich und löst noch keine Glücksgefühle aus«, erzählt der Archäologe.

Neugierig geworden entschloss sich das Paar trotz der heißen Sommerperiode zu einer sofortigen Grabung. Diese begann am 9. Juli 1979, schon nach 33 Tagen lag das Drama vor, das sich 37 Jahrhunderte zuvor ereignet hat:

Die kretische Erde bebt wie so oft, Wohnhäuser stürzen ein, die Palastanlagen von Knossos und Phaistos, Malia und Zakros nehmen ersten Schaden. Um das Unheil abzuwenden, kommen in einem Tempel am Fuß des heiligen Berges Jouchtas Priester zu einer Kulthandlung zusammen. Sie beschließen, nicht wie üblich das Blut eines Stieres sondern

Menschenblut den Göttern zu opfern, um sie zu besänftigen. Ein junger Mann, wahrscheinlich 17 Jahre alt, ist zu diesem Opfer bereit und legt sich gefesselt auf den Opfertisch. Mit dem Messer, das normalerweise für Tieropfer genutzt wird, trennt der Oberpriester die Halsschlagader des Opfers durch. Das Blut fängt er, wie es sonst bei den rituellen Stieropfern üblich ist, in einer Schale auf.

Doch die Götter lassen sich durch das Menschenopfer nicht besänftigen. Das Erdbeben zerstört fast alle Gebäude auf Kreta, und auch die großen Paläste fallen in sich zusammen. Der Tempel auf dem Hügel Anemospilia stürzt ebenfalls ein und begräbt unter sich nicht nur den geopferten Jüngling, sondern auch zwei Priester und eine Frau.

Selbst das »Neue China« berichtet

Da der Tempel im Gegensatz zu den vier Palästen nicht wiederaufgebaut wurde, ist uns die Opferszene detailgetreu überliefert. Sogar die 40 Zentimeter lange Klinge des Opfermessers war noch scharf – Sakellarakis' Blick auf die Ewigkeit. Nicht nur die Wissenschaft diskutiert diese Sensation, sondern auch die Presse berichtet weltweit über das erste bekanntgewordene Menschenopfer der Minoer. Selbst im „Neuen China" erscheint ein Bericht. Den Ausgräber ärgert seine Berühmtheit: »Es ist nur das Blut, das die Leute anzieht.«

Die plötzliche Popularität ihres Kollegen ärgert auch drei griechische Archäologen, die ihn bis aufs Messer bekämpfen. Sie führen zwar einzelne Gegenerklärungen ins Feld, bleiben aber eine Gesamtinterpretation schuldig, in die sich alle Funde so einordnen ließen, dass die Menschenopfer-Theorie vom Tisch gefegt wäre. Um die Wogen zu glätten, wird Sakellarakis nach Kreta als Leiter des weltberühmten archäologischen Museums von Heraklion und der Palast-ausgrabung von Knossos versetzt. Diese Art Strafverset-zung, bei der er sein Gesicht wahren kann, wird wiederum von der Presse in aller Welt als Belohnung gewertet.

Zwei Jahre ist jetzt der Fund her. Ich besuche das Ehepaar Sakellarakis im Weinort Archanes auf Kreta, wo es schon in den Jahren davor zahlreiche bedeutende Ausgrabungen un-ternommen hatte. Stundenlang sitzen wir unter einem Dach von Weinblättern im Hof des Hauses zusammen und reden bis Sonnenuntergang.

Jannis Sakellarakis ist so etwas wie ein Bilderbuch-Grie-che, groß und schlank, durchaus ernst, mit verhaltenen Be-wegungen und gewählter Sprache. Seine Frau Evi, ebenfalls groß und schlank, hatte die Haare zu einem langen Zopf ge-bunden und wirkt bei aller Klugheit anrührend mädchen-haft.

Antworten in perfektem Deutsch

Geduldig beantwortet Jannis Sakellarakis meine Fragen, mich nach jeder Frage lange nachdenklich anschauend. Sein Deutsch ist perfekt. Die Deutschkenntnisse stammen aus seiner Zeit in Heidelberg, wo er Anfang der 1970-er Jahre promovierte. Ohne ein Wort Deutsch zu sprechen, kam er an die Universität, um nach eineinhalb Jahren seine Doktor-arbeit in Deutsch vorzulegen.

Sakellarakis wurde Leiter der prähistorischen Sammlung

des Nationalmuseums in Athen, Ausgrabungen führten ihn nach Saloniki, Attika und Olympia. Eine Professur für prähistorische Wissenschaft in Athen, eine Gastprofessur in Hamburg, Vorlesungen in Heidelberg waren die weiteren Stationen, ehe Professor Sakellarakis wieder in Archanes zu graben begann, wo er schon 1964 eine Suchgrabung veranlasst hatte. Denn just unter seinem Haus wurde eine minoische Anlage entdeckt. Ein Herrenhaus? Eine Sommerresidenz? Heute weiß man, dass es sich um die fünfte minoische Palastanlage auf der Insel handelt. Sakellarakis stellte die Grabungen ein: »Wir brauchen keinen fünften Palast.«

Mit Herzklopfen habe ich ihm nach dem Gespräch meinen Bericht über die Ausgrabung des Menschenopfers auf dem Hügel Anemospilia zur Prüfung geschickt. Der Text soll in einem Reiseführer über Kreta erscheinen. Ich warte und warte, und mein Herzklopfen wächst und wächst. Dann kommt die ersehnte Freigabe mit der schriftlichen Bemerkung, er habe schon »viele, viele Berichte« über seinen Sensationsfund gelesen – »aber der Ihre ist der beste.«

[1981]

Rechts: Prof.
Dr. Jannis
Sakellarakis
(Foto: Tänzler)

Auch das noch: Randnotizen...

...aus Irland

Ein Unternehmer, der einen Bauernhof betreibt, Pferde vermietet und Betten für Urlauber bereithält, hat zwei Mitarbeiterinnen, die auf den Namen »Joan« hören. Die Servicekraft, die den Gästen das Frühstück bereitet, nennt er »Joan inside« und die andere, von der die Pferde betreut werden, »Joan outside«. [1973]

...aus Kopenhagen

Seit meiner Hochzeit trage ich einen Doppelnamen. Auch der zweite Name endet auf »tz«. Lakonischer Kommentar eines Pressesprechers, den ich im Smørrebrød-Restaurant »Ida Davidsen« zum Interview treffe: »Zweimal tz – das ist ja wie eine Trunkenheitsprüfung.« [1988]

...aus Rumänien

Ich habe Glück an meinem Geburtstag, an dem ich auf Reisen bin. Mit einer Hotelinspektorin fliege ich nach Rumänien, um für die Stiftung Warentest die Urlaubsbedingungen an der Schwarzmeerküste zu untersuchen. Auf dem Weg vom Flughafen Constanta zu unserem Quartier fährt der Chauffeur mit dem Wolga auf einen langsam fahrenden Düngewagen auf. Dieser ist danach Schrott, die »Schnauze« der Luxuslimousine wird wie eine Ziehharmonika zusammengequetscht. Wir haben alle ein paar Prellungen, aber wie durch ein Wunder wird niemand ernsthaft verletzt. Ungerührt steigt unser Abholer, ein »hohes Tier« aus dem Tourismusministerium, aus – und beschlagnahmt kurzerhand das erste Auto, das am Unfallort hinter uns angehalten hat. Wir fahren damit weiter... [1976]

...von Korsika

Zettel an der Tür des Reiseleiters einer Neckermann-Anlage: »Werter Herr Reiseleiter! In meinem Zimmer brennt die Lampe nicht. Ich kann Sie nicht erreichen. Ich werde Sie dieserhalb und wegen anderer Mängel verklagen. Hochachtungsvoll xxx (Name), Juristin.« [1973]

...aus Piräus

Tourismus-Testreise in Zusammenarbeit von Stiftung Warentest und dem Wiener VKI, dem österreichischen Verein für Konsumenteninformation. Die Recherchenreise führt von Athen nach Mykonos. Wegen starker Stürme werden alle Flüge storniert. Also buchen wir eine Fähre. Diese schwankt, kaum hat sie den Hafen von Piräus verlassen, derart heftig, dass mindestens der Hälfte der Passagiere schlecht wird. Auch unserem österreichischen Kollegen ist hundeelend. Als er nicht aufhört, sich zu übergeben, hängen wir ihm eine Plastiktüte ans Brillengestell. [1979]

...von Bornholm

Unser Freund Pete Hunner, mit seiner Frau Maibritt Friis Jönsson Inhaber der renommierten Glasbläserei »Baltic Sea

Glass«, hat gerade seinen »Unika-Abend« beendet. Dabei werden von Pete und Maibritt bei Sonnenuntergang und Sphärenmusik vom Band große Unikate geblasen. Pete stellt ein Schild mit der Inschrift »Feuerabend« auf. Das sei aber ein witziges Wortspiel, meint ein Zuschauerpaar. Pete versteht das Kompliment nicht. Es stellt sich heraus, dass er immer gedacht hat, »Feuerabend« sei das korrekte deutsche Wort für das Arbeitsende.   [1992]

...aus Tunesien

Nur zögerlich haben einige meiner Kollegen zur Pressereise nach Tunesien zugesagt. Denn just in die Reisezeit fällt die Schlussphase der Fußball-Weltmeisterschaft in Brasilien. Uns wurde hoch und heilig versprochen, dass wir das Endspiel in einem Hotel genießen können. Die Gastgeber halten Wort, mit Spannung erwarten wir vor dem Hotelfernseher das Endspiel Deutschland gegen Argentinien. Draußen ist es gefühlt 40 Grad. Die Innenräume des Hotels sind derart heruntergekühlt, dass die Kolleginnen frieren und wir Männer ihnen unsere Jacketts umhängen und alles andere, was wir als Kälteschutz entbehren können. Zur Halbzeitpause passiert es: In Tunesien bricht die Stromversorgung zusammen – zu viele Hotels haben zu ungewohnter Tagesstunde die Klimaanlagen hochgedreht. Dass Deutschland siegt, erfahren wir erst später aus dem Radio.   [2014]

...aus Israel

Eine Schar quirliger Kinder kommt mir in der Ausgrabungsstätte Bet Shean entgegen. Ihnen folgt, aber wesentlich langsamer, eine beeindruckend attraktive junge Frau: offenes Gesicht, bis zur Schulter reichende, künstlich gelockte Haare, gut geschminkt, dunkelblauer Pulli, dazu hellblaue Shorts aus abgeschnittenen Jeans, lange Beine und an den Füßen Stiefeletten. Sie schaut mich an und lächelt. Ich lächle zurück und frage sie, warum in aller Welt sie denn eine Maschinenpistole umgehängt habe. Sie antwortet ohne jedes Pathos: »Ich bin doch Kindergärtnerin«. [1999]

…von Rhodos

In der Altstadt von Rhodos-Stadt spricht mich ein junger Mann auf Englisch an: ob ich ihm helfen könne. Er sitzt im Rollstuhl, den ich mit Mühe über das Pflaster schiebe. Wir kommen ins Gespräch, er ist Norweger. Wo denn seine Begleitung sei, frage ich ihn. »Ich reise ohne Begleitung«, lautet die verblüffende Antwort. Wie soll denn das funktionieren – der Charterflug, das Gepäck, der Transfer zum Hotel, das Frühstück, die Ausflüge? »Ich mache das immer so«, erklärt mir mein Gesprächspartner. »Ich lasse mich zum Flughafen bringen und setze auf meine Mitmenschen. Wir Norweger achten aufeinander. Ich habe schon viele Reisen alleine im Rollstuhl gemacht. Das hat immer geklappt..."

[1974]

…aus Ulm

Pressereise zur deutschen Donau. Eine britische Kollegin meint nach ein paar Gläsern Wein, ich sähe wegen meiner grauen Locken aus wie Gotthilf Fischer, der Chorleiter. Von da an verpasst sie mir weintrunken einen neuen Vornamen: »Gotthilfe". [1993]

„MEINE LIEBE MUTTI"

Kriegsbriefe meines Vaters
an seine Frau

HORST SCHWARTZ

...zum Schluss noch Eigenwerbung

Das Buch »Meine liebe Mutti –
Kriegsbriefe meines Vaters an seine Frau«

Ebenfalls im Verlag tredition® ist kürzlich vom selben Autor das Buch »Meine liebe Mutti – Kriegsbriefe meines Vaters an seine Frau" erschienen. Aus dem Klappentext:

»Ich schreibe jeden Tag ohne Ausnahme«, verspricht der Soldat Robert Schwartz seiner Frau, als er 1942 in den Krieg muss. Vor allem in den Kriegsjahren 1943 und 1944 hat er fast jeden Tag einen Brief geschrieben, die meisten aus der Sowjetunion. 500 Briefe und Postkarten sind erhalten, aber nur wenige aus sowjetischer Kriegsgefangenschaft. Erst Ende 1948 kam er heim. Über seine Kriegserlebnisse hat er nie geredet.

Umso mehr erzählen die Briefe: über das raue Soldatenleben, das Bangen um die im Bombenhagel versinkende Heimatstadt Aachen, über den Hass auf die Gegner in Russland und England, über gewonnene und verlorene Schlachten, über die Liebe zu seiner Frau und den zwei kleinen Söhnen.

Das Buch liefert ein eindrückliches Zeugnis vom Kriegsalltag eines deutschen Soldaten, der an Hitlers Visionen glaubte. Zudem dokumentiert es den Schrecken des Krieges. »Es gibt nie wieder Krieg«, sagt der heimgekehrte Soldat zu seinem Sohn Horst.

Rußland, den 8. September 1943.

Meine liebe Mutti!

Heute muß ich Dir mal wieder schreiben, weil es gestern nicht ausge-
kommen ist. Wir waren mal wieder unterwegs. Ich bekomme seit
langer Zeit (7. Tag) keine Post mehr von Dir. Ich glaube Mutti hat mich
vergessen und schreibt jetzt einem Anderen. Ich muß doch Rölfchen einmal fragen. Na, kurz bißchen, es ist nun sehr gut möglich, daß die
Post jetzt mal ausbleibt, vielleicht ist sogar eine ganze Sendung verloren.
Sonst kommt nun Tagen ein ganzer Schwung. Es ist einem nun garnicht
recht wenn andere Post bekommen und für mich ist jetzt niemals
etwas dabei. Von Oma oder überhaupt von keinem höre ich etwas.
Hoffentlich seid Ihr Lieben noch gesund und munter. Dabei kann
ich vorläufig nicht beklagen. Den Umständen entsprechend geht es mir
sogar sehr gut. Ich bin gesund, habe meine Arbeit und bin zufrieden.
Was und dagegen so kleine Unannehmlichkeiten, garnicht. Wir
schlafen jetzt wieder im Freien, das ist zwar etwas kalt aber doch noch
besser als in den elenden Spelunken, die man hier im Paradies groß-
sprecherisch als "Häuser" bezeichnet. Könntest Du doch nur einmal einen
Blick in ein solches "Haus" tun mit seinen verwahrlosten Bewohnern
und unaussprechlich schmutzigen Kindern, mit Haufen von Fliegen
in einem einzigen Raum. Das ist einfach nicht zu beschreiben, Du würdest
Dich mit Grauen abwenden und bestimmt brechen vor Ekel. Wenn ich
mir einmal daran denke: "so würden dann Deine Kinder auch einmal
aussehen", dann weiß ich heute als je wofür wir hier stehen. Unaus-
denkbar, daß das einmal schief gehen könnte. Drum sage auch Du jeden
in der Heimat es soll uns den Mund halten wenn er nicht gezwungen
war dieses Paradies selbst kennen zu lernen. Wir tun bestimmt alles
was überhaupt in unseren Kräften steht die russische Bestie zu bezähmen.
Aber am Priestisch oder hinter dem Radio kann man das besser als
hier draußen. So müßte eben jeder einmal wenn im Graben gelegen haben
wenn die russische Dampfwalze angerollt kommt: Massen von Menschen
die wie Tiere in einen Tod laufen, Tanks und schwere Waffen. Kaum
würde sich, glaube ich, manche Ohren hinten schnell braun färben.

Horst Schwartz, Jahrgang 1941, ist Journalist und lebt
und arbeitet in Berlin. Die 500 Kriegsbriefe seines Vaters an
seine Mutter las er erst 70 Jahre später. Die Auseinander-
setzung mit ihnen hat sein distanziertes Bild vom längst ver-

storbenen Vater grundlegend verändert. Für dieses Buch hat er die Briefe thematisch geordnet, erläutert und mit eigenen Erinnerungen verbunden. War der Briefschreiber ein glühender Nazi? Diese Frage muss der Autor und Sohn unbeantwortet lassen.

Das Buch ist in drei inhaltlich identischen Fassungen erschienen: als eBook (7,99 Euro, ISBN 978-3-347-16625-7), als Taschenbuch (13,90 Euro, ISBN 978-3-347-16623-3) und als Hardcover (18,90 Euro, ISBN 978-3-347-16624-0).

Eine Auswahl der Leserstimmen:

»Großartige Arbeit, lieber Horst.« [Folke N.]

»Es beeindruckt mich sehr, Ihre Fleißarbeit.« [Manuela R.]

»Ich habe es gelesen. Ein sehr tolles Buch.« [Petra N.]

»Ich liebe das Buch. Es spiegelt alles wider, wie es sich zugetragen hat in dieser Zeit. Ich kann es nur empfehlen.« [Markus H.]

»Ich finde das Buch von Anfang bis Ende perfekt. Ich warte schon auf Ihr nächstes Buch.« [Petra H.]

»Auch und gerade als junger Mensch finde ich das Buch spannend und lehrreich.« [Melanie A.]

Der Autor

Horst **Schwartz,** Jahrgang 1941, ist Reisejournalist und lebt und arbeitet in Berlin. Die Zeit beruflicher Reisen begann 1972, als er Leiter der Reiseredaktion der Verbraucherzeitschrift „test", herausgegeben von der Stiftung Warentest, wurde. Neun Jahre bereiste er mit Testteams aus Hotelinspektoren die wichtigsten Urlaubsländer in Europa und vergleichsweise wenige Fernreise-Destinationen.

1981 machte sich Horst Schwartz mit einem auf Tourismus spezialisierten Redaktionsbüro selbstständig. Das Redaktionsbüro besteht jetzt also 40 Jahre. In dieser Zeit entstanden mehrere TV-Reisefilme und – zum Teil in Zusammenarbeit mit Sabine Neumann, Mitinhaberin des Redaktionsbüros – 14 Reisebücher, darunter mehrere über Kreta und die dänische Insel Bornholm.

20 Jahre lang hat der Autor als Fester Freier Mitarbeiter für diverse Reisesendungen des Senders Freies Berlin (SFB) gearbeitet, unter anderem auch als Moderator und Redakteur vieler Sendungen.

Über 30 Jahre war Horst Schwartz Dozent beim Deutschen Seminar für Tourismus (DSFT) in verschiedenen Kursen zum Thema „Pressearbeit im Tourismus". Für dieses Fachthema erhielt er auch 40 Jahre lang Lehraufträge von vier Hochschulen. Ehemaligen Seminarteilnehmern begegnet er immer wieder bei seinen Recherchenreisen.

In über 3o Jahren lag der Schwerpunkt der journalisti-

ischen Arbeit von Horst Schwartz auf der Arbeit für „touristik aktuell". Für diese renommierte Fachzeitschrift war er nicht nur als Berliner Korrespondent tätig, sondern auch für diverse Specials verantwortlich – am längsten für das Griechenland-Special.

Ende 2020 brachte Horst Schwartz sein Buch „Meine liebe Mutti – Kriegsbriefe meines Vaters an seine Frau" im Verlag tredition heraus, das auf 500 Briefen des Vaters aus dem Zweiten Weltkrieg fußt. Jetzt arbeitet der Autor an einem Roman. Ein weiterer Roman ist in Planung.

Facebook-Account: www.facebook.com/horst.schwartz.71

blog: www.schwartzaufweiss.wordpress.com